La sabiduría infinita

de los

REGISTROS AKÁSICOS

LISA BARNETT

La sabiduría infinita
de los
REGISTROS AKÁSICOS

Transforma tu vida
con la sabiduría que hay en ti

EDICIONES OBELISCO

Si este libro le ha interesado y desea que le mantengamos informado
de nuestras publicaciones, escríbanos indicándonos qué temas son de su interés
(Astrología, Autoayuda, Ciencias Ocultas, Artes Marciales, Naturismo, Espiritualidad,
Tradición…) y gustosamente le complaceremos.

Puede consultar nuestro catálogo en www.edicionesobelisco.com

Colección Nueva conciencia
La sabiduría infinita de los Registros Akásicos
Lisa Barnett

1.ª edición: noviembre de 2015

Título original: *The infinite Wisdom of the Akashic Records*

Traducción: *Antonio Cutanda*
Maquetación: *Marta Rovira Pons*
Corrección: *M.ª Jesús Rodríguez*
Diseño de cubierta: *Enrique Iborra*

© 2015, Lisa Barnett
(Reservados todos los derechos)
Original publicado por Career Press, 220 West Parkway, Unit 12,
Pompton Plains, NJ 07444, Estados Unidos
© 2015, Ediciones Obelisco, S. L.
(Reservados los derechos para la presente edición)

Edita: Ediciones Obelisco, S. L.
Pere IV, 78 (Edif. Pedro IV) 3.ª planta, 5.ª puerta
08005 Barcelona - España
Tel. 93 309 85 25 - Fax 93 309 85 23
E-mail: info@edicionesobelisco.com

ISBN: 978-84-9111-034-7
Depósito Legal: B-23.785-2015

Printed in Spain

Impreso en España en los talleres gráficos de Romanyà/Valls S. A.
Verdaguer, 1 - 08786 Capellades (Barcelona)

*Dedico este libro a un hombre maravilloso, mi padre,
Don Colby. Tú fuiste mi inspiración espiritual,
pues me transmitiste con cariño tu amplia visión
de la vida. Gracias por tu amor incondicional
y por tu apoyo en mi extraordinario
viaje espiritual.*

Agradecimientos

Siento una inmensa gratitud por los Señores y los Seres de Luz Akásicos, que hace ya bastantes años me indicaron que revelara al mundo los conocimientos de los Registros Akásicos a través de mis cursos y mis libros. Su amor, su guía y su sabiduría transformaron completamente mi vida.

Doy las gracias también:

A Meg Bertini, por decir «¡Sí!» cuando le pedí ayuda para reunir todas estas enseñanzas de un modo lineal y comprensible. Sin ti no habría podido comenzar siquiera este trabajo.

A Linda Berger, mi querida amiga y compañera en los cursos de los Registros Akásicos. Gracias por haber podido contemplar esta obra desde el punto de vista de los alumnos. Tú has hecho que toda esta información resulte clara y comprensible para cualquier lector. Tu apoyo y tu cariño, día a día, en todos los ámbitos, abrieron las puertas de mi corazón y, sin duda, no podría haber culminado este trabajo sin ti.

A mi amado marido, Jesse, que ha sido un apoyo en mi sendero espiritual desde el mismo día en que le conocí. Tú me has permitido crecer en la sabiduría infinita de los Registros Akásicos, para que pudiera enseñar, escribir, viajar y compartir este profundo trabajo. Tu amor me sustenta en todo cuanto hago en mi vida.

A mis queridos hijos, a los cuatro: Connor, Lilly, Lucia y Justin. Gracias por los «contratos anímicos» que establecisteis conmigo para que fuera vuestra madre. Mi corazón rebosa de amor por vosotros y vosotras, y habéis trastocado mi visión del mundo con vuestra sabiduría innata en multitud de ocasiones, de mil maneras. Fue una bendición el poder contar con la presencia de cuatro pequeños Budas en mi casa.

A todos mis alumnos, alumnas y clientes, pues sus preguntas y su deseo de cambiar su existencia me permitieron desarrollar una buena parte de la información que vas a encontrar en este libro.

Doy las gracias desde lo más profundo de mi corazón a mis compañeros y compañeras en la instrucción y consultoría de los Registros Akásicos, pues no habría podido llegar hasta este punto sin la ayuda, la dirección y las ideas que he recibido por vuestra parte. Fuisteis vosotras y vosotros quienes me animasteis a seguir adelante en el sendero akásico.

Y, finalmente, a todos los amigos y amigas a quienes no he mencionado, permitidme que os dé las gracias y que os diga que os quiero. Vosotros sois la Luz que mantiene encendida mi llama. Vosotras sois la motivación y el apoyo que me mantienen en pie. Gracias.

Prólogo

de Dawn Marian

Doctora en Teología

La humanidad atraviesa una época sin precedentes en toda la historia pues, mientras la población mundial supera ya los siete mil millones de personas, nos enfrentamos a desafíos que nunca antes habíamos afrontado en nuestro planeta. Es por ello que, ahora, quizás más que nunca, necesitamos recursos prácticos que nos proporcionen guía y orientación, y eso son precisamente los Registros Akásicos, un mapa del territorio por el cual tiene que transitar la humanidad en la búsqueda de su destino. En otro tiempo, los Registros Akásicos conformaron unas prácticas sagradas, ocultas a las multitudes, de las que disfrutaban exclusivamente aquellos de más alto rango en las órdenes espirituales, pero ahora se han hecho accesibles a todo aquel que vaya en pos de la sabiduría. Sus inmensos depósitos de información albergan desde los registros sagrados de la historia del cosmos hasta los detalles del viaje de cada alma individual, pero también incluyen los principios universales que nos pueden permitir vivir una vida gozosa y plena.

Lisa Barnett emprendió hace años este sendero de la sabiduría ancestral, y nos ofrece ahora una guía directa de acceso a los Registros Akásicos para los tiempos modernos. Y, aunque sencilla en su formulación, esta guía no es menos profunda que cuando se enseñaba en las escuelas de misterios de antaño.

Los Registros Akásicos ofrecen soluciones para todos los problemas a los que nos enfrentamos los seres humanos, tanto para los desafíos globales como para las dificultades cotidianas, como las que supone sacar adelante a una familia, abordar nuestros problemas de salud o vivir una vida plena de sentido.

Los Registros nos permiten disolver aquellas barreras que nos cierran el camino a la abundancia, potencian la expresión creativa y sanan las heridas emocionales.

Por todo ello, este libro es una obra de obligada lectura para todo aquel o aquella que desee convertirse en una expresión de la Luz y el Amor que anida en su esencia.

La sabiduría infinita de los Registros Akásicos está escrito para cualquier persona que busque un sentido más profundo en la vida, pues ofrece las herramientas necesarias para desarrollar una auténtica experiencia vital basada en la inteligencia del alma y en el Amor incondicional que fluye a través del Universo.

Lisa Barnett muestra de forma concisa el modo de abrir las puertas de los Registros Akásicos a toda persona que sienta en su corazón la llamada de la sabiduría y la sanación del Campo Akásico.

Así pues, desde mi más profunda admiración y desde el más sincero entusiasmo, recomiendo encarecidamente este libro que con tanto amor nos ofrece Lisa Barnett.

DAWN MARIAN,
Doctora en Teología. Instructora en los Registros Akásicos. Instructora y maestra de Reiki. Fundadora de The Radiant Heart School of Transformation.

Introducción

¿Has tenido alguna vez la sensación de estar jugando al gato y al ratón con tus problemas? ¿Acabas de resolver una dificultad en tu vida y te encuentras de pronto con que aparece otra por donde menos lo esperas? ¿Quizá resuelves tus problemas económicos y, de repente, tu relación de pareja se desmorona? ¿Conseguiste finalmente perder peso con ese programa nuevo de ejercicios, sólo para que el médico te dijera pocos días después que padeces una dolencia cardíaca y que tienes que dejar de hacer ejercicio? ¿Lograste encontrar el empleo perfecto para que, pocas semanas más tarde, tu pareja te dijera que su empresa se trasladaba a otro estado?

¿No sería maravilloso poder disponer de un método claro, rápido y sencillo para resolver los problemas que la vida inevitablemente te plantea? ¿No sería una bendición disponer de un plan que tuviera en cuenta todos los factores implicados en estas situaciones, desde las programaciones de la infancia hasta tu herencia genética, pasando *incluso* por tus vidas pasadas? ¿Te imaginas lo que sería poder disponer finalmente de toda la información que necesitas? Pues bien, éste es el don que te ofrece el trabajo con los Registros Akásicos. Y lo mejor de todo eso es que puedes sumirte en el amor incondicional mientras abordas tus problemas.

Así pues, ¿qué *son* los Registros Akásicos?

Los Registros Akásicos son los archivos donde figuran los detalles del viaje de cada alma, desde el momento en que se individualizó en el Origen hasta que finalmente regresa al hogar; un viaje que puede llevar milenios. Independientemente de lo joven o antigua que pueda ser tu alma, tus Registros Akásicos albergan la totalidad de los pensamientos, sentimientos, acciones y hechos de cada una de tus vidas. Imagínatelos como una biblioteca en la que cada libro representa una vida; o bien como un ordenador, con toda la información almacenada en el disco duro. El Campo Akásico forma parte del Todo y está conectado con él, hasta el punto de constituirse en la sección informativa del Origen. Tú tienes tus propios Maestros, Instructores y Seres de Luz que conservan el registro de toda esta información sólo para ti, y puedes acceder a ellos para que respondan a tus preguntas acerca de esta vida o de otras vidas pasadas que pueden estar afectándote hoy en día.

Allí te esperan, listas para ser reveladas, todas las respuestas a tus preguntas, inclusive las respuestas relativas a todo aquello que siempre quisiste saber acerca de ti, sea en tu vida actual o en tus vidas pasadas. Los Registros Akásicos no sólo ofrecen respuesta a tus preocupaciones actuales, sino que también te ayudan a liberarte de aquellos bloqueos energéticos que no te dejan vivir esa vida plena y abundante que deseas. Los Registros Akásicos nos dan acceso a la profunda sabiduría divina desde la claridad y el amor incondicional, orientándonos en la vida cotidiana y dirigiéndonos por el sendero de nuestra alma. La sabiduría de los Registros purifica el karma y te libera de aquellos patrones energéticos que ya no cumplen ninguna función en tu vida, esos patrones energéticos negativos que fomentan tus penurias económicas, que te generan problemas en las relaciones, o que te causan un sufrimiento emocional innecesario.

Pero lo mejor de todo es que es fácil acceder a los Registros Akásicos cuando buscas comprender el sendero de tu alma. De hecho, los Seres de Luz están deseando ayudarte, pues consideran que, sólo con comprender la singularidad de nuestro sendero anímico, podremos superar nuestro karma y experimentar el amor que todos y cada uno de los habitantes de la Tierra podríamos experimentar. La información de los Registros Akásicos te permitirá reconocer el papel que cumplen los contratos anímicos, de cómo te preparan para tu sendero espiritual y cómo influyen en tus decisiones cotidianas, y te mostrará el modo de abordar esos contratos para potenciar el amor, la felicidad y el éxito en tu vida.

Los Registros Akásicos te ayudarán también a identificar y comprender los votos que hiciste en otras vidas pasadas, juramentos que van a seguir afectándote en esta vida hasta que renuncies y te liberes de ellos. ¿Cuántas veces has tenido la sensación de darte de cabeza contra un muro por tu incapacidad para generar dinero? ¿Alguna vez has pasado por la experiencia de ganar mucho dinero para, poco después, volver a la situación de, simplemente, «sobrevivir»? Esto puede deberse a que quizás hiciste un voto de pobreza en alguna vida pasada. Por ejemplo, muchos de mis clientes me comentan que se sienten mal al cobrar por los trabajos de sanación que ofrecen, y cuando entramos en sus Registros personales nos encontramos a menudo con alguna vida pasada en la que fueron monjes, monjas o ascetas que hicieron un voto de pobreza. Cuando trabajas en los Registros Akásicos puedes pedir a tus Seres de Luz que te ayuden a comprender y aprender de aquellas experiencias, y que te ayuden a liberarte de todo aquello que ya no cumple una función en tu vida actual.

Quizás hayas tenido también alguna vez la sensación de que eres demasiado controlador en algunos aspectos de tu vida, y eso puede deberse a que viviste una o muchas vidas en el pasado en las que te juraste que nunca más renunciarías a tu poder. Quizás tuviste una responsabilidad de gobierno, o quizás fuiste un gobernante al que le arrebataron el poder durante una rebelión o revuelta, de tal manera que en esta vida tienes miedo a perder el control. Los Registros te pueden ayudar a liberarte de esas viejas energías para que dejen de manifestarse destructivamente en tu actual vida.

Los Registros Akásicos constituyen una poderosa herramienta en la que puedes confiar a diario para hacer tu vida más fácil. Los Registros te pueden orientar en cualquier tipo de decisión que tengas que tomar, tanto si se trata de decisiones cotidianas ordinarias —como qué cosas deberías comer para conservar la salud— como si se trata de decisiones importantes y de largo alcance, decisiones que harían que mejores las posibilidades de consecución de tus objetivos. También te pueden decir cuál es la causa subyacente de una enfermedad, o cómo puedes recuperar la salud liberándote de las creencias ocultas que subyacen a la enfermedad. Una de las cosas que suelo recomendar al abrir los Registros Akásicos es, simplemente, que pidas a tus Seres de Luz, Instructores y Señores que te depositen en los brazos de Dios, para que puedas sentir la pureza de tu conexión con la divinidad y su fuente de luz y de amor incondicional.

Esto no es más que una muestra de lo que te espera en los Registros Akásicos. Al igual que la intuición en los esteroides, los Registros Akásicos te inspirarán, te motivarán y colmarán tu vida de gracia; y todo ello de un modo que nunca creíste que fuera posible. El amor incondicional que emana de los Registros se expresa en sentido, cariño y bondad amorosa.

Este libro contiene poderosos procesos y oraciones que te ayudarán a acceder a tus propios Registros y a sanarte con la ayuda de los Seres de Luz, los Maestros y los Instructores, que te guiarán a cada paso en el camino. Está diseñado para guiarte, paso a paso, para que descubras:

1. Las claves vibratorias (oraciones sagradas) que te permitirán acceder de una forma fácil, simple y directa a los Registros Akásicos.
2. Importantes directrices que te mantendrán bajo la luz protectora del amor en este campo de energía sagrado.
3. El arte de formular preguntas para recibir respuestas que potencien tu vida.
4. Cómo liberarse del karma que te liga a patrones vitales negativos.
5. Cómo acceder a la sabiduría interior para navegar por tu vida con mayor claridad y precisión.

6. Cómo ejercitar el acceso a los Registros Akásicos para recibir información y garantizar así el éxito.
7. Herramientas y oraciones adicionales que te ayudarán a sanar.

Mereces ser honrado, amado y reverenciado por el coraje que mostraste al elegir encarnar en esta dimensión, y los Seres de Luz, los Maestros y los Instructores de los Registros Akásicos están deseando ser de utilidad para que sientas a cada paso la bendición que supone vivir según tu verdadero propósito.

Este libro se ha escrito para facilitar un gran cambio en el mundo, en las almas, de una en una, y tú eres la primera persona de la lista. Se te va a dar la oportunidad de liberarte de tus miedos y de un karma innecesario, para que puedas vivir la vida de acuerdo con los deseos de tu corazón y de tu alma. ¿Acaso crees que encontraste este libro por casualidad? En absoluto, pues ya en ese momento se te estaba guiando. Tu ser interior está al tanto de tu profundo deseo de sanar y de avanzar en la dirección marcada por tu propósito vital. Se trata de un paso gigantesco en tu sendero hacia la sanación, y me siento dichosa por el hecho de que me hayas permitido compartir contigo este trabajo sagrado. Gracias por dejarme ser tu instructora al leer este libro.

Si estás ya dispuesto para sentir el amor incondicional y la luz radiante que los Registros Akásicos guardan para la humanidad, ya es hora de dar a luz la vida que tu alma tenía planeada antes de venir a este mundo, de vivir la vida que te mereces.

Te doy mis bendiciones en este viaje.

Capítulo I

La biblioteca de tu alma

ﻬ Los principios básicos de los Registros Akásicos ﻬ

¡Te espera el mayor de los depósitos de sabiduría que hayas podido explorar jamás!

En este libro, capítulo a capítulo, descubrirás los Registros Akásicos y la sabiduría que emana de ellos. Aprenderás a abrir tus Registros y a escuchar sus respuestas, con las cuales podrás desentrañar tus problemas y seguir avanzando fácilmente de la mano del amor incondicional.

Sin embargo, de momento, baste decir que los Registros Akásicos son la sección informativa de la energía divina originaria. De hecho, las personas que los estudian suelen compararlos con una biblioteca, la biblioteca divina, aquella en la que se encuentran almacenados los archivos de todo cuanto haya sucedido desde el principio de los tiempos. Pero, además, cada persona tiene sus propios Registros, en los cuales existe constancia de cada uno de los viajes del alma individual a lo largo de los milenios.

Imagina que dispusieras de una biblioteca personal a rebosar de libros, y que cada uno de esos libros representara una vida. Quizás tengas 600, o incluso 800 vidas aquí, sólo en el planeta Tierra, por no hablar de otros planos de existencia, de otras dimensiones, planetas, del reino angélico y el reino elemental. Todo cuanto haya pensado, sentido o hecho nuestra alma a lo largo de milenios se encuentra en los Registros Akásicos; y, dado que somos seres infinitos, nuestros Registros son inmensos.

Pero no sólo existen Registros personales, individuales, pues incluso tu negocio tiene también sus propios Registros Akásicos. A medida que domines el acceso a esta esfera de la realidad podrás acceder también a los Registros de tu negocio, con lo cual descubrirás nuevas maneras de mejorarlo y fortalecerlo, e incluso se te mostrará el modo de servir mejor a tus empleados y tus clientes. También puedes pedir ayuda a los Seres de Luz en los Registros, para que te indiquen de qué modo puedes favorecer a toda la humanidad a través de tus negocios.

Por otra parte, existen asimismo Registros colectivos familiares, que resultan especialmente útiles para abordar dinámicas de grupo, descubrir contratos grupales y encontrar entre tu familia actual a aquellos que forman parte también de tu familia del alma. Incluso tus mascotas tienen sus propios Registros, algo de lo que sin duda muchas personas se alegrarán. Así, quizás te interese saber qué vidas pasadas habéis compartido tú y tu mascota, y puedes hacerte una idea bastante precisa acerca de cómo puedes ayudarle en esta vida.

Toda esta información es perfectamente accesible, pero el primer paso consiste en aprender a entrar en tus propios Registros. ¿Recuerdas cómo aprendiste a leer en tu infancia, y cómo desarrollaste luego tus habilidades y tus conocimientos explorando y descubriendo nuevos temas? Pues bien, así es cómo funcionan las cosas también en los Registros Akásicos. En cuanto aprendas a acceder a tus propios Registros, lo demás será simplemente explorar y seguir aprendiendo. La información que puedes hallar en el Campo Akásico es literalmente infinita, de modo que siempre encontrarás algo nuevo que aprender, investigar o experimentar.

Los Registros nos permiten ver la realidad desde un punto de vista muy diferente al de la mayoría de las personas, con una visión mucho más amplia y profunda. Lo que los Seres de Luz me enseñaron es que la mayoría de la gente discurre en su vida cotidiana por este mundo como el que camina por la calle, ocupándose simplemente de sus propios asuntos, traumas y problemas. Pero, como seres humanos que somos, resulta muy fácil quedar atrapados por los dramas cotidianos y por las energías densas de este plano terrestre. Sin embargo, cuando comenzamos a trabajar en nuestros propios Registros, nos elevamos energéticamente hasta un plano muy distinto, un plano de vibraciones mucho más intensas. Es como si contemplaras el mundo desde la ventanilla de un avión; de repente, todos los problemas, todas las preocupaciones, todos los traumas se te antojan más pequeños. Desde esa perspectiva es mucho más fácil ver las interconexiones entre los distintos elementos de una situación, y descubres el motivo por el cual decidiste trabajar determinados asuntos en esta vida. Este punto de vista privilegiado te permite ver la vida de un modo muy distinto: en vez de verla como una experiencia donde impera la confusión, de pronto, te das cuenta de que tus decisiones te ofrecen todo un mundo de oportunidades e infinitas posibilidades de crecimiento. Por ejemplo, esa persona con la que tienes un conflicto comercial podría ser tan sólo una pieza dentro de un círculo kármico que estás a punto de culminar, pues en los Registros Akásicos ves de pronto la conexión que os vincula, remontándote en el tiempo y el espacio hasta otra vida. Quizás descubras que ambos tuvisteis un problema similar en una vida pasada, y que habéis decidido superar vuestra deuda kármica desde la integridad, en lugar de desde «toma el dinero y corre», que es lo que posiblemente hicisteis en aquella existencia anterior. Sin embargo, en tu actual vida puedes optar por ayudar a esa persona, darle la posibilidad de que vea el perdón reflejado en ti, para que podáis establecer así una sólida relación comercial.

Cuando accedemos a los Registros Akásicos empezamos a ver la vida (ensombrecida a menudo por el dolor y el sufrimiento) de una forma diferente, desde una perspectiva más amplia. Antes de acceder a los Registros era como si estuviéramos extraviados en un laberinto, dando vueltas de un lado a otro con la esperanza de encontrar la salida. Y si bien esa sensación de estar perdidos forma parte del juego que nuestra alma eligió para nosotros, el problema estriba en que no sabemos que se trata de un juego, y tampoco que de lo que se trata es de jugar. Sin embargo, cuando accedemos a los Registros Akásicos descubrimos que estamos aquí para recordar quiénes somos en realidad, que somos almas divinas, infinitas, jugando a ser humanos por un tiempo. Supón que eres un espíritu divino, majestuoso, que vives desde la eternidad y que sabes todo cuanto hay que saber. Tú formas parte de la Fuente Divina, y eres uno con Dios. Eres Luz pura, y has venido a la Tierra para jugar al juego humano de la vida, atrapado en la ilusión de la limitación, por cuanto te sientes confinado en un reducido espacio: tu pequeño cuerpo. Una de las condiciones del juego es que tienes que olvidarte de todo cuanto sabías antes de convertirte en un ser humano, y que vas a jugar en el plano terrestre para experimentar la vida y ver si eres capaz de recordar la verdad de quién eres en realidad, ese magnífico ser divino que siempre fuiste. ¡Uf! ¡Menudo respiro! Simplemente, imagina lo que tu alma sintió al pasar por todo eso. Ése es el juego al que jugamos todos aquí en la Tierra. No somos más que seres humanos que están intentando recordar su divinidad.

Pues bien, te encuentras en mitad del laberinto, y lo que quieres saber es el tiempo que te va a llevar ir desde el centro hasta el infinito, hasta la unidad y la divinidad. *¿Cuánto tiempo me costará recordar quién soy en realidad?* Responder a esta pregunta es lo que hace que tu alma te impulse a buscar, preguntar y anhelar conocerte a ti misma. Tú tienes tus propios Señores, Maestros, Instructores y Seres de Luz que guardan tus Registros Akásicos, y lo que están esperando es que te dirijas a ellos y les hables, pues sólo así podrán ayudarte. Ellos te cogerán de la mano y te sacarán del laberinto y del juego de la vida, pero para eso tendrás que pedirlo.

Cuando conectamos con los Registros Akásicos –cuando lo vemos todo desde esta nueva perspectiva y lo sentimos energéticamente–, nos sumergimos en esa elevada y sanadora vibración. Esa Fuente Divina de energía es en realidad la sección de información de Dios, donde se almacena la energía de los Registros Akásicos. De tal modo que, cuando estudiamos nuestros Registros, que disponen de una de las vibraciones más elevadas a las que podemos acceder, nos vemos inmersos en una campo vibratorio profundamente regenerador y curativo.

Sin embargo, lo más hermoso de todo es que, cuando nos sumimos en la vibración de este plano, las energías del Campo Akásico no sólo nos curan a nosotros, sino que sanan también el plano terrestre. Cuanta más gente estudie y acceda a los Registros Akásicos, más se intensificarán y potenciarán las energías más nobles que existen en la Tierra. Dicho de otra manera, mientras te sanas, estás sanando al mismo tiempo la energía colectiva de la humanidad, porque tu energía curativa se expande en los éteres. Así es como operan los poderosos Registros Akásicos en su faceta curativa.

Cuando imparto una clase o hago alguna presentación sobre los Registros Akásicos suelo comenzar con una oración, una plegaria con la que elevo al máximo la energía vibratoria de todos los reunidos. Léela, así pues, con esta misma intención, pues te ayudará a comprender mejor este libro:

Entorna los ojos y relaja tu cuerpo. Simplemente, sumérgete en la energía del Campo Akásico y percibe las sensaciones que te llegan desde tu cuerpo. Quizás sientas un cosquilleo, un hormigueo o cierta calidez. Yo veo esa energía como una columna de luz azul plateada, pero sea cual sea el modo en que tú la percibas estará bien.

Respira profundamente y déjate caer en lo más hondo de tu corazón. Pon toda tu atención en el centro del corazón. Pídele que se relaje y que se expanda un poquito más, como un globo que se hinchara y colmara tu pecho. Siente la calidez en tu corazón. Y di:

Pedimos a nuestra alma, a nuestro espíritu, que se haga plenamente presente en nuestro cuerpo físico. Solicitamos a los Señores Divinos del amor incondicional que nos ayuden a centrarnos plenamente en este momento, mientras creamos este espacio sagrado. Por favor, envolvednos en vuestro amor y vuestra protección, y permitidnos viajar hasta el reino más elevado del Akasha al cual podamos acceder hoy. Por favor, ayudadnos a abrir nuestro corazón multidimensional al amor divino y a liberarnos de toda resistencia. Señores de los Registros Akásicos, guiadnos, por favor, hasta la verdad más profunda a la que podamos tener acceso en estos momentos, y ayudadnos a sanar y a liberarnos de todo aquello que ya no nos sirve en nuestro verdadero sendero. Os damos las gracias por vuestro divino amor y por vuestro apoyo en el viaje de hoy. Así sea.

Cuando percibas que tu corazón se abre y que la energía te envuelve, puede que sientas que tu cuerpo se vuelve ligero, o que te invade cierta sensación de hormigueo.

ᚗ Los contratos anímicos ᚗ

Los Seres de Luz akásicos suelen mostrarme cosas divertidas cuando les hago alguna pregunta. Ellos son amor divino en estado puro, y se expresan frecuentemente en un tono divertido, alegre, incluso con risas. Una vez les pedí que me explicaran lo de los contratos anímicos que acordamos antes de nacer, y ellos me mostraron un gimnasio enorme, como aquel en el que jugábamos al básquet cuando íbamos al instituto. En aquel gimnasio vi que se reunían muchas almas antes de regresar a la Tierra para vivir otra vida humana, y allí conversaban e interactuaban entre sí como en uno de esos eventos para hacer contactos. Durante aquellas conversaciones vi que establecían acuerdos o contratos entre sí para provocar determinadas situaciones y satisfacer así los karmas que necesitaban superar desde varias vidas atrás en la Tierra.

Por ejemplo, quizás un alma quería aprender a perdonar, y otra alma se le presentaba y decía, «Me ofrezco para ser tu malhumorado e insoportable padre. Así tendrás multitud de ocasiones para aprender a perdonar». Y la otra alma respondía, «¡Estupendo! ¡Me vendrá bien! Yo me comporté contigo de un modo terrible en nuestra última vida, de modo que así cerraremos también el círculo kármico». Evidentemente, una vez llegas a la Tierra ya no recuerdas nada de todo eso, ni recuerdas que aquellos contratos se hicieron desde el amor y la generosidad, y lo único que haces es preguntarte, «¿Qué he hecho yo para merecer estos padres?».

Aunque podamos pasar por situaciones verdaderamente traumáticas en la vida, lo que he aprendido con las personas que han trabajado con los Registros Akásicos es que, cuando llegan a comprender de verdad su trauma, la experiencia termina siendo ciertamente positiva. Con frecuencia reaccionan diciendo, «¡Claro! Ahora entiendo por qué mi padre me trató tan mal. Me ayudó a reconocer la luz que había en mí, y luego a perdonarle desde el alma, sabiendo quién es en realidad. Y sólo el hecho de saber esto está curando la profunda herida que tenía en mi corazón. Gracias, Seres de Luz». Otra reacción habitual puede tomar este aspecto: «Esto cambia totalmente mi perspectiva, y hace que deje de sentirme como una víctima». Lo que pretendo con este libro es ayudarte a tomar conciencia de estas cosas, con los efectos curativos que esto conlleva. Mi objetivo es ayudarte a ver la panorámica general y que descubras quién eres realmente, que te des cuenta de que *tú eres* el perdón y el amor incondicional que constituye la verdad divina. Y así, que conozcas a través de todo tu ser qué es realmente lo que has venido a hacer aquí en la Tierra.

Lo que descubrimos en el Campo Akásico es que, cuando hacemos una pregunta, como por ejemplo «¿Por qué me trataron tan mal?», obtenemos dos, tres o más capas o niveles de información, porque los Registros son inmensos. Veamos un ejemplo. Imagina que los Seres de Luz te dicen que tienes un karma por satisfacer con ese hombre al que consideras tu padre en esta vida, y descubres que en otras vidas pasadas tú te comportaste del mismo modo que tu desconsiderado padre. Entonces comprendes que a ti se te ofreció la posibilidad de ser desconsiderado con los demás. O quizás los Seres de Luz te muestren una vida en la que fuiste una sacerdotisa del templo de una diosa hace miles de años, que fuiste asesinada cuando el templo cayó en manos de un clan guerrero, y quizás jurastes antes de morir no volver a ostentar poder alguno. Es decir, tu trauma emocional se ha desencadenado en la vida actual, pero tus Registros quizás te indiquen que todo esto tiene sus raíces en un acontecimiento que sucedió hace 5.000 años. Puedes utilizar tus Registros para recibir respuestas multidimensionales, en múltiples niveles, a tus preguntas sobre cada pieza del rompecabezas, para después esforzarte por aclarar el karma y redimirte de él, y liberarte de los votos o juramentos, así como de los contratos que hiciste con otras personas, lugares y cosas. A medida que avancemos por las páginas de este libro, te iré mostrando cómo trabajar con tus propios Registros Akásicos.

Aprender a trabajar en los Registros Akásicos es todo un proceso, y ello debido al carácter expansivo de los conocimientos. Aunque los Seres de Luz, los Maestros y los Instructores akásicos te muestren hoy dos niveles de causas relacionados con un importante problema de tu actual vida, es muy posible que tengas que volver sobre el tema y seguir trabajando con esas emociones durante una semana o un mes. A menudo nos encontramos con que un gran problema muestra al principio varias capas de dolor emocional, además del karma de otra vida que viniste a completar, junto con un juramento o promesa procedente de otra vida más, y que todos esos elementos se combinan en el drama y la situación traumática que estás viviendo ahora. Habrá veces en que tendrás que procesar e integrar primero la información que se te ha dado antes de pasar al siguiente nivel y desentrañar otra capa. Cuando trabajo con mis clientes, solemos volver sobre el mismo tema una y otra vez para seguir trabajando con las distintas capas que componen ese problema. Con el tiempo pueden emerger otras capas o niveles, pues no siempre estamos preparadas o somos capaces de verlas y superarlas de buenas a primeras. No sirve de mucho recibir una imagen clarividente de una vida traumática si no comprendes lo que significa y no sabes cómo transformarla. Yo pregunto siempre a los Seres de Luz, «¿Qué puedo hacer para aclarar todo esto y liberarme de ello?». Yo soy un canal de energía sanadora debido a la naturaleza de mi linaje de alma; y, si tú también lo eres, es probable que sientas la necesidad de trabajar con todo aquello que pueda sanarse. Ésta es una de las cosas que te voy a enseñar a hacer con tus Registros en este libro. Conviene que te preguntes: «¿Qué cosas puedo concluir, qué cosas puedo llevar a su culminación ahora, de qué karma o juramento me puedo liberar en estos momentos?». Con el tiempo descubrí que, dado que mi intención era sanar o completar karma, o bien liberarme de las energías estancadas, los Seres de Luz me daban cuantas herramientas pudiera necesitar en el proceso curativo. Y tú también aprenderás a utilizar esas herramientas, si aprendes a trabajar con tus Registros Akásicos.

Un caso de contrato anímico que está afectando a muchos trabajadores de la Luz en nuestro planeta justo en estos momentos es el contrato o compromiso por reequilibrar las energías masculinas y femeninas en la Tierra. Los contratos anímicos pueden adoptar un aspecto diferente en cada persona, dependiendo de su propósito individual en esta vida, y una y otra vez me encuentro con que los Seres de Luz del Campo Akásico nos dicen que ha llegado el momento de llevar a su culminación gran parte de ese karma, para que podamos entregarnos al propósito concreto que elegimos al encarnar. También dicen que, a menos que entendamos e integremos de verdad un problema o una emoción antes de aclararla, seguiremos recreando y repitiendo algunos de esos patrones de comportamiento. Hay veces en que podemos aclarar una antigua energía, pero sin obtener beneficio alguno de ello debido a que no la comprendemos. No hemos pasado al siguiente nivel y, por tanto, no hemos integrado de verdad lo que hemos descubierto. Uno de los motivos por los cuales venimos a la Tierra es para crecer y aprender de nuestras experiencias. Venimos a experimentar la belleza y la maravilla de la existencia en la Tierra, y a recordar la verdad de quiénes somos en realidad. Somos unos seres muy antiguos, sabios y eternos, y sentimos la necesidad de traer esa verdad a la humanidad a través de nosotros. Es como si estuviéramos ascendiendo por una larga y sinuosa escalera hacia la iluminación, que consiste en recordar la verdad de nuestro yo infinito. Aunque subamos varios peldaños de una sola zancada, podemos caer de nuevo hasta donde estábamos, o incluso ir a parar más abajo de donde comenzamos. Los Seres de Luz dicen que, si sanamos «mágicamente», sin aprendizaje, no adquirimos la sabiduría necesaria, no crecemos, y nos quedamos atascados en un rellano de esa escalera.

Cuando se trabaja en los Registros Akásicos debemos adoptar un profundo sentido de integridad en relación a la información que recibimos. Cada vez que trabajemos con los Seres de Luz, los Maestros y los Instructores, convendrá que tengamos bien claros los motivos que nos llevan a hacer las preguntas que formulamos, a fin de poder integrar las respuestas que recibimos. Estamos aprendiendo en muchos niveles, y las respuestas no son tan sencillas como un *sí* o un *no*. El trabajo en los Registros Akásicos fomenta la comprensión que tenemos de nosotros mismos y de los patrones de comportamiento que utilizamos en nuestra vida cotidiana. De hecho, las enseñanzas que recibimos en los Registros promueven el crecimiento personal y espiritual hasta tal punto que se nos posibilita la entrada en un estado de amor incondicional y de perdón, tanto por nosotros mismos como por el resto de la humanidad.

El proceso de creación de este libro es un ejemplo perfecto de cómo el trabajo en los Registros Akásicos con una intención de servicio genera el propósito, el enfoque y la esencia para sanarte a ti misma y sanar a los demás. En realidad, una nunca sabe adónde la va a llevar su trabajo en los Registros, y puedo añadir que mi propia escuela de Registros Akásicos, la Akashic Knowing School of Wisdom, es otro ejemplo de cómo manifestar cosas en este mundo con la ayuda de los Seres de Luz.

Sé por experiencia propia que, cuando aprendemos a perdonarnos cualquier transgresión, sea real o imaginaria, resulta mucho más fácil obtener una imagen más comprensiva de nuestro trabajo en el mundo, simplemente porque vivimos impregnados en el amor incondicional, y con ello favorecemos el despertar de la humanidad y de la Tierra a un estado de unidad e iluminación. ¿No te parece asombroso que puedas ayudar a elevar la vibración de la humanidad y de la Tierra simplemente descubriendo cosas de ti mismo en los Registros, sentado en el sofá de tu salón? ¿No te parece incluso milagroso? Los Seres de Luz nos dicen que el trabajo diligente en el Campo Akásico abre y allana un sendero hacia la iluminación; pues, simplemente viviendo en esta elevadísima vibración, simplemente aprendiendo, creciendo y expandiéndote en las múltiples dimensiones de esta asombrosa energía, te despiertas y creas en tu corazón un espacio desde el cual contemplas el mundo y lo experimentas. Y así, despiertas a la esencia de tu ser y tu propósito en la Tierra, para que puedas participar plenamente en la construcción de un mundo nuevo de amor y paz... del cielo en la Tierra.

ಓಶ Los problemas económicos ೀ

A lo largo de los años, después de trabajar con miles de clientes, he tenido ocasión de escuchar multitud de malos trances relacionados con el dinero. He tenido ocasión también de ayudar a personas que se han esforzado mucho para poner en marcha su propio negocio, sólo para terminar en una batalla legal con un socio o para terminar eventualmente en una quiebra. Y también he ayudado a otras que temían abandonar el mundo financiero para seguir los dictados de su corazón y de su alma. El tema económico suele generar situaciones traumáticas, que en ocasiones llevan incluso al divorcio o al desarrollo de una enfermedad. A veces, seguimos las indicaciones de nuestro corazón, pero terminamos viendo cómo se desmorona todo a nuestro alrededor hasta quedarnos sin blanca para hacer frente a nuestros gastos habituales, como los derivados del automóvil, la vivienda o, incluso, la subsistencia.

Desde una perspectiva espiritual, los problemas relacionados con el dinero tienen múltiples capas y niveles, debido principalmente al hecho de que somos seres humanos complejos, pero también a que distorsionamos el significado y la importancia que le damos al dinero en nuestra existencia. Uno de los grandes regalos que se nos ofrece cuando comenzamos a acceder a los Registros Akásicos es que tomamos conciencia de la inmensidad de nuestra alma, al ver cuántas vidas hemos vivido y cuántos problemas hemos superado en todas esas vidas hasta llegar aquí, al instante presente, en que estás leyendo este libro. Nos damos cuenta de un modo palpable de que somos seres infinitos que vivimos por un corto período de tiempo en un cuerpo físico, demasiado pequeño si lo comparamos con nuestra alma. Cuando trabajamos los problemas económicos en los Registros Akásicos, no sólo estamos trabajando con una de nuestras historias monetarias, pues podemos tener cinco, diez, cincuenta o miles de historias relacionadas con el tema económico. Las cuestiones económicas tienen su origen en nuestra propia familia, en nuestros profesores en la escuela o el instituto, y en nuestras creencias culturales, sociales o religiosas. Para darte cuenta de ello, no tienes más que recordar todas las creencias implícitas que sobre el dinero hemos ido recogiendo a lo largo del camino a medida que íbamos creciendo. Pero a las creencias acumuladas en esta vida deberás añadir ahora las creencias que hayas podido desarrollar en tus numerosas vidas cada vez que se te puso a prueba económicamente. Todo el mundo tenemos historias diferentes y fascinantes acerca del dinero, todas ellas escritas en los Registros Akásicos. ¿No crees que sería interesante saber algo acerca de aquellas vidas en las que fuiste rico, generoso y poderoso? ¿Qué sabiduría podrías extraer de todo ello?

Las múltiples piezas de ese rompecabezas que llamamos «vida» entran en nuestro campo de energía desde la vida presente y las vidas pasadas, generando así capas complejas y bloqueos energéticos. Los Seres de Luz akásicos dicen que cualquier cosa que nuestros antepasados experimentaron, sintieron e hicieron se nos ha transmitido a través del ADN de tal modo que nos afecta actualmente, en esta vida. Evidentemente, nosotros no experimentamos todos esos problemas de nuestros antepasados, sino sólo aquellos que nos ayudan a satisfacer nuestros contratos anímicos en la vida actual. Nos hemos impregnado de muchas de las energías de nuestros padres y nuestros abuelos relacionadas con el dinero, tanto las buenas como las malas, y también nos hemos impregnado de las energías de otras personas, como nuestros profesores, que influyeron poderosamente en nuestro aprendizaje y modelaron nuestra manera de pensar. Lo que esas personas decían verbalmente o expresaban mediante su lenguaje corporal, o sus sentimientos acerca del dinero y su cometido –por ejemplo, «los ricos son egoístas», o «el dinero lo corrompe todo»– es muy probable que nos siga influyendo hoy en día. Todos conectamos energéticamente con el inconsciente colectivo, y en muchas ocasiones creemos que esos pensamientos y actitudes son nuestros, cuando no lo son.

Cuando trabajes en tus Registros, tal como se indica aquí, tendrás la oportunidad de pedir a los Seres de Luz que te digan qué herramientas concretas puedes utilizar en cada uno de estos asuntos. Yo te dirigiré a lo largo del proceso, paso a paso, del mismo modo que lo hago con mis alumnas y alumnos en la Akashic Knowing School of Wisdom, y tú aprenderás de qué modo formular tus preguntas para recibir el máximo de información con la mayor claridad. Una de mis preguntas favoritas, una pregunta que mis alumnas y alumnos encuentran muy útil para descubrir las herramientas necesarias para su trabajo curativo es: «¿Cómo puedo liberarme de las actitudes y la energía ancestral de mi familia que impregnan mi campo de energía y mi vida?».

Cuando abras tus Registros Akásicos personales y observes tus vidas pasadas puede que descubras que hiciste un voto de pobreza en una vida anterior. Por ejemplo, quizás fuiste un asceta en la India, o una monja en España, o un monje en el Tíbet. Si sufres apuros egconómicos o temes atraer el dinero a tu vida es posible que todavía te sientas ligado a un voto de pobreza que asumiste en alguna o algunas vidas pasadas, y convendrá que trabajes sobre ese voto de inmediato, en cuanto aprendas a abrir tus propios Registros. Los Seres de Luz pueden llevarte de vuelta hasta la energía de aquella vida pasada y pueden liberarte de aquellos antiguos votos para que, de este modo, recuperes la energía positiva y la sabiduría espiritual que quedó atrapada en aquella vida. Es posible entrar y salir del espacio-tiempo multidimensional del Campo Akásico, sanar una vida pasada y conseguir de esta manera que esa energía cambie en nuestro tiempo presente. Cuando se sana una vida pasada se produce literalmente un cambio energético en el presente, en nuestra vida, en este preciso momento. Normalmente lo sentirás de inmediato, si bien otras veces puede llevar un poco más de tiempo, hasta que la energía se integra en nuestra conciencia. Sea como sea, la energía cambiará. Lo único que tienes que hacer es permitir que ocurra y tomar conciencia de las transformaciones.

Otro escenario habitual con el que te puedes encontrar cuando abordes problemas económicos en los Registros Akásicos es el que se produce cuando, habiendo sido una persona rica en una vida anterior, no fuiste demasiado generosa. Quizás te llegue la imagen de una vida pasada en la que veas a un rey rodeado de riquezas, pero completamente solo por ser un hombre odiado, un hombre que finalmente perdió a todos sus amigos y su familia. Sometía a sus súbditos a una pobreza extrema, y quizás tuvo que pagar incluso sus últimos cuidados antes de morir. Un hombre que murió absolutamente solo, sin nada más que su dinero y su culpabilidad como únicas compañías. En su lecho de muerte, quizás juró no volver a ser rico de nuevo. Tal vez pensó que el dinero le había convertido en un ser malvado, echando así la culpa al dinero, en vez de a sí mismo, por tan dolorosa y solitaria muerte. Así pues, si quieres liberarte de viejas energías acerca del dinero, para poder así recibir en abundancia, convendrá que sanes y aclares los traumas relacionados con votos o juramentos en vidas pasadas. Los juramentos en el lecho de muerte en particular suelen aferrarse a nosotros durante muchas, muchas vidas.

ఛు Los problemas de salud ఛ

Al igual que ocurre con la mayoría de nuestras dificultades en la vida, los problemas de salud suelen ofrecer múltiples capas. Puede suceder incluso que el dolor que sientes ni siquiera sea tuyo, puesto que las energías de otras personas pueden afectarte, positiva o negativamente. De forma inconsciente, recogemos y cargamos con las energías de otras personas, motivo por el cual conviene establecer unos límites saludables. Con las herramientas que te voy a enseñar aprenderás a liberarte de aquellas capas de energía negativa que puedan estar afectándote, así como a sacar de tu espacio vital las energías de otras personas.

Sé por experiencia personal que los problemas de salud pueden aparecer cuando no escuchamos o no seguimos las indicaciones de nuestra alma. Cuando tenía veinte años decidí que no iba a seguir el sendero de mi alma, del cual yo era consciente desde la más tierna infancia. Opté, en cambio, por sumergirme en la vida alegre del San Francisco de los años setenta y ochenta. Me alejé de lo que había sido hasta entonces un sendero muy nítido para mí, de una vida de conciencia espiritual, porque me hallaba en un profundo agujero emocional. Y, en vez de trabajar mi propio dolor, de comprenderlo y de crecer con él, salí corriendo hacia lo que parecía una huida fácil, los buenos tiempos de San Francisco. Me tuve que pasar quince años ignorando mis propios síntomas físicos hasta que me di cuenta de que había desarrollado una grave fatiga crónica y que tenía que cambiar de inmediato mi estilo de vida. Para curarme, tomé conscientemente la decisión de acabar con las fiestas y de regresar al sendero de mi alma.

Evidentemente, existen muchas razones tras el dolor físico, la mayoría de las cuales se hallan en el plano físico, pero también hay muchas capas en otros tiempos y dimensiones. En ocasiones, la energía se derrama a través de la herida de una vida pasada en nuestra vida actual, y esto puede cristalizar físicamente. Por ejemplo, una persona puede padecer un dolor de espalda o en el hombro en la misma zona en la que fue apuñalada en una vida pasada. La energía del dolor se puede liberar en esa vida pasada a través de los Registros Akásicos, cosa que proporciona a la persona un alivio inmediato del dolor. Así pues, en este libro, te voy a mostrar algunas técnicas para que trabajes con esas capas de energía. Lo que me resulta fascinante de trabajar con los Registros Akásicos es que esas capas energéticas suelen estar relacionadas con el motivo por el cual vinimos a esta vida en estos momentos. Por consiguiente, tanto si tus padecimientos proceden del dinero como si proceden de la salud, la energía de esa vida pasada que te comprometiste a liberar en esta vida seguirá causándote problemas hasta que la recuerdes, la liberes y la recicles.

⁂ Los problemas de peso ⁂

La vida de muchas personas ha estado marcada por la supervivencia, la pobreza y el hambre, de ahí que el juramento en una vida pasada de no volver a pasar hambre nunca más puede jugar un papel determinante en los problemas de sobrepeso en esta vida. Si ganas peso con independencia de lo mucho o poco que comas es posible que detrás de todo ello se oculte un juramento en una vida pasada. En modo alguno abogo por ignorar las razones científicas que pueda haber tras cualquier problema de salud o de ganancia o pérdida de peso, pero me he encontrado con frecuencia capas adicionales en la esfera akásica que siempre viene bien aclarar.

Es posible que tus problemas de peso estén relacionados con tres o más capas, como las siguientes:

❖ **Capa Uno:** El juramento en una vida pasada de no volver a pasar hambre.

❖ **Capa Dos:** Un programa energético que se originó en la infancia; quizás la niña que aún sigue intentando satisfacer la imagen ideal que su madre tenía sobre lo que es una hija perfecta. Este tira y afloja interior ha podido llevar a comer en exceso y a un problema de bulimia al llegar a la edad adulta, pero la energía está atascada en la esfera de la niña interior.

❖ **Capa Tres:** La autoestima y el deseo de sentirse bien con uno mismo, con independencia del aspecto exterior. Esto pudo tener su origen en una vida pasada y estar conectado con la situación actual relativa a la comida y la autoestima, lo cual hace que este problema tenga aún más capas.

Los Registros Akásicos disponen de un depósito de información y sabiduría infinitas. Cuanto más tiempo dediques a aprender el modo correcto de formular tus preguntas, más fácil te será acceder a la información que buscas, y más clara y comprensible te resultará. Te sugiero también que conviertas el acceso a tus Registros en un hábito diario. Practica incesantemente, pues cuanto más practiques más fácil te será trabajar las distintas capas de energía que puedan estar listas para ser liberadas.

১ El perdón ৎ

Uno de los mayores retos que los seres humanos tenemos que enfrentar en la vida es el desafío del perdón, puesto que siempre encontramos multitud de razones por las que aferrarnos a la ira, el resentimiento o, simplemente, a comportamientos pasivo-agresivos. Pero también es cierto que en los mayores desafíos es donde nos encontramos con las más importantes encrucijadas de nuestra vida. Si somos conscientes de nuestras opciones, nos preguntaremos: ¿Tomo el camino del perdón y me libero de la servidumbre de la ira, o continúo en el ciclo de la cólera y asumo el destino de repetir este desafío una y otra vez?

Hace tiempo les pedí a los Seres de Luz una oración especial para que mis alumnas y alumnos pudieran acceder al perdón de forma sencilla, casi sin esfuerzo, y así fue como me dieron la Oración del Perdón, que constituye una valiosa herramienta para aclarar las capas que podrían estar afectando tus relaciones con la gente, el dinero, la salud y el peso. Esta invocación llegó desde los Registros Akásicos para aclarar cualquier karma de lecciones que ya has aprendido o que aún tienes que completar. Los Seres de Luz nos dieron esta oración para aliviar el dolor que los seres humanos tienden a alimentar en su vida, en vez de liberarse de él. Es hora de que te liberes de toda vieja energía a la que te hayas estado aferrando por cualquier problema en el que te quedaras atascada, y una forma de averiguar si estás atascada en un patrón de falta de perdón consiste en ver si estás repitiendo comportamientos familiares y cómodos a la hora de tratar con situaciones tensas. Convendrá que prestes atención a cómo te sientes y qué piensas cada vez que esos patrones afloran, para luego utilizar la Oración del Perdón como medio para liberarte de ellos.

Recuerda esta oración en todo momento, y compártela con cualquier otra persona que pueda necesitarla. Cuando leas esta oración, asegúrate de que te centras plenamente en la energía de tu corazón.

La Oración del Perdón

Divinidad, Espíritu, Origen, por favor, hazme entrar en un estado de perdón hacia todo aquel o todo aquello que me haya hecho daño, consciente o inconscientemente, desde el principio del tiempo hasta el momento presente. Yo ahora les perdono y me libero de la energía del pasado.

Divinidad, Espíritu, Origen, por favor, hazme entrar en un estado de perdón hacia mí mismo/a por cualquier daño que yo haya causado a los demás, consciente o inconscientemente, desde el principio del tiempo hasta el momento presente. Yo ahora me perdono y me libero de la energía del pasado.

Divinidad, Espíritu, Origen, por favor, hazme entrar en un estado de perdón hacia mí mismo/a por cualquier daño que me haya causado a mí mismo/a, consciente o inconscientemente, desde el principio del tiempo hasta el momento presente. Yo ahora me perdono y me libero de la energía del pasado.

Invoco la gracia y el poder del perdón para transformar mi cuerpo, mi mente y mi corazón, mientras regreso al estado de divina inocencia. Así sea.

Capítulo 2

Un soporte en la vida

❧ Una historia personal ❧

Ahora que ya dispones de una idea general acerca de los Registros Akásicos, te voy a contar de qué modo me introduje en este campo, y luego te mostraré cómo puedes abrir tus propios Registros.

Yo nací en este cuerpo «despierta». Me imagino que te estarás preguntando, ¿Qué *querrá decir con eso*? Pues bien, cuando tenía alrededor de tres años, me llevé una sorpresa al darme cuenta de que ¡mi espíritu había encarnado *de nuevo*! Recuerdo que me miré las manos y pensé, ¡Caramba! ¿Qué hago yo aquí otra vez? De pronto, me llegaron multitud de recuerdos de energías, sentimientos e incluso imágenes de cuando aún no había encarnado en este cuerpo físico, de «estar» con otros espíritus en otro plano de realidad. Recordé que, estando en aquel otro plano, no me tenía que esforzar tanto para hablar y comunicarme con otros seres. Para que me entiendas, no tienes más que ver a los niños de uno, dos o tres años de edad; para ellos, aprender a hablar y comunicarse es un largo y dificultoso proceso. Aquélla fue la primera experiencia que recordé. De todos modos, no es tan extraño que un niño o una niña pequeña tenga recuerdos de cuando podía comunicarse de forma energética o telepática pues, al parecer, el mero esfuerzo por aprender a hablar activa en ellos los recuerdos de esa vida entre vidas.

Mis padres pensaban que debía de ser un poco excéntrica, pues solía decirles que quería volver a mi hogar. Claro está que mi madre veía con extrañeza aquellos comentarios porque, desde su punto de vista, yo ya estaba en casa. Por otra parte, mis padres eran agnósticos, de modo que ni uno ni otra creían en las religiones organizadas. De hecho, mi madre creía que, cuando morías, ahí se acababa todo, que te habías muerto y ya no ibas a volver a adoptar una forma humana. Cenizas a las cenizas y todo eso. Mi padre, sin embargo, sí que estaba interesado en el mundo espiritual esotérico, cosa que me fue de gran ayuda en mi propio sendero espiritual. En mi caso, aquella familia resultó ser la familia perfecta, por cuanto no se me dio la formación religiosa que se les daba a otros niños en aquella época, y eso me evitó tener que sanar posteriormente muchos de esos traumas relacionados con los dogmas religiosos.

Por suerte, durante mi adolescencia me trasladé a California, y allí me encontré con un sinfín de libros relacionados con el crecimiento espiritual y las religiones orientales. Por entonces se acababa de publicar *Aquí ahora,* de Baba

Ram Dass,[1] y también *Viajes fuera del cuerpo,* de Robert Monroe,[2] en el que se hablaba de la proyección astral y de universos paralelos. También estaban por entonces de moda los libros de Carlos Castaneda, en los que relataba sus experiencias como aprendiz de un chamán en México. Todos estos libros y autores no sólo resultaron interesantes, sino apasionantes para una adolescente como yo. En la universidad, elegí filosofía entre las asignaturas optativas, y me leí un montón de libros sobre diferentes religiones, incluidas las religiones y filosofías orientales. La siguiente fase de mi formación se inició algún tiempo después, cuando conocí a una increíble instructora psíquica con la cual estuve aprendiendo durante seis años. Era una mujer fabulosa, muy versada en la anatomía psíquica, y con amplios conocimientos en energías curativas. Aprendí mucho con ella, si bien a costa de descubrir que yo no era una gran psíquica. Simplemente, aquello no encajaba con mi conocimiento intuitivo. Pero de vez en cuando sí me ocurrían cosas extrañas durante alguna lectura psíquica, como la de escuchar en ocasiones una voz estruendosa. Aquello era fascinante, y al final me quedaba pensando, «¡Esta información es muy potente!» o «Ésta es la perspectiva más completa que se me haya dado nunca sobre este tema». A veces me ofrecía una panorámica muy elaborada sobre la vida de mi cliente, con información en múltiples capas, y no sólo me daba respuesta a las preguntas de mi cliente,

---

1. Publicado en español por Editorial Juan José Fernández Ribera, en Barcelona, 1977.
2. Editado en español por Palmyra, Madrid (2008).

sino que también me decía de qué modo se relacionaba aquello con un contrato anímico o un karma que aquella persona tenía que satisfacer. También me daba indicaciones para los clientes sobre cómo superar los obstáculos o cómo cambiar su manera de ver la situación. Aquella voz estuvo dándome instrucciones en muchas de mis lecturas curativas e intuitivas durante casi cinco años, pero nunca llegué a saber de dónde procedía. Me ofrecía una información fascinante para que se la transmitiera a mis clientes, pero nunca se me ocurrió preguntar con quién estaba hablando. Lo que sí me di cuenta es que, durante la lectura, la energía cambiaba radicalmente cuando comenzaba a recibir toda aquella información. Sin embargo, mi vínculo con aquella estruendosa voz era para mí una experiencia frustrante por la incertidumbre que me generaba. Aquella voz me hablaba o no me hablaba en absoluto. No era algo que yo pudiera controlar. Yo no sabía cómo se entraba en aquella esfera. Ni siquiera sabía en qué esfera me hallaba.

Todos aquellos años de entrenamiento psíquico me enseñaron que, una vez aclaradas las viejas energías de mis clientes, tenía que preguntar siempre por la mejor y más elevada información que mi cliente pudiera recibir de sus propios Registros. Y así fue como me di cuenta de que estaba accediendo a los Registros Akásicos, pero lo hacía siempre desde la distancia, creyendo que no se me permitiría entrar en esa esfera. Sin ser consciente de ello, los Seres de Luz y los Señores de los Registros Akásicos me estaban hablando e intentaban atraer mi atención. Pero, debido a que nunca pregunté: «¿A quién pertenece esa voz atronadora?», no llegaba a relacionar todo aquello con el Campo Akásico.

Entonces, un día, durante un retiro en Sedona, Arizona, conocí a una mujer que había acudido a dar una charla sobre la intuición en medicina, un tema interesante para mí, debido al intenso trabajo que había estado haciendo en relación con mi fatiga crónica. Aquella mujer habló también de los Registros Akásicos, pero yo pensé, «Esto ya me lo sé». Mi instructora psíquica me había enseñado que, después de un trabajo de sanación, podía ir hasta las puertas de los Registros Akásicos para pedir a los Seres de Luz información y energía para mis clientes, pero que no se me permitiría entrar en los Registros. Yo imaginaba los Registros Akásicos como una gran biblioteca de piedra, con unas gigantescas escalinatas de acceso y una hermosa verja de hierro a su alrededor. Tanto a mí como a mis compañeras y compañeros se nos había dicho que la información o la energía que debía darse a nuestros clientes desde sus propios Registros no era asunto nuestro. Lo curioso del caso es que yo veía clarividentemente cómo descendía la energía hasta mis clientes. Veía cómo se derramaba desde las alturas, entraba por el chakra corona y descendía por su cuerpo; unas veces, aquella energía llenaba todo su cuerpo; en otras ocasiones, la luz se dirigía a una zona específica. En teoría, yo no tenía nada que hacer con aquella energía, ni podía tampoco decidir su destino en el cuerpo de mi cliente. Yo no controlaba nada. Mi única responsabilidad consistía en pedir que la energía y la información fueran al mejor lugar posible, allí donde pudieran generar el máximo beneficio para mi cliente.

Cuando conocí a aquella mujer durante el retiro en Sedona, me dijo que ella era consultora de los Registros Akásicos y que podía acceder a mis Registros y hacerme una lectura. Aquello me sorprendió mucho porque, hasta aquel momento, yo creía que no se podía acceder a los Registros. Sin embargo, la perspectiva de poder acceder a ellos me entusiasmó, y le dije que sí de inmediato. La mujer me hizo una sorprendente lectura en los Registros Akásicos, una lectura que se prolongó por espacio de dos horas. Los Señores de los Registros Akásicos vinieron a través de ella para decirme, alto y claro, «Por fin podemos hablarte conscientemente. En el sendero de tu alma está escrito que transmitas esta información al mundo, y que utilices esta sabiduría para el bien de la humanidad». ¿Quién me iba a decir que, simplemente yendo a aquel retiro y conociendo a aquella mujer, mi vida iba a cambiar en tan sólo dos horas? Finalmente, había averiguado a quién pertenecía aquella estruendosa voz, y se me estaba ofreciendo la oportunidad de entrar en los Registros Akásicos.

Dado que aquella mujer a la que había conocido era consultora y no instructora, ella me puso en contacto con el grupo de instructores de los Registros Akásicos que le habían enseñado la Oración Sagrada con la cual había abierto mis propios Registros. Como podrás imaginar, me inscribí de inmediato en un curso que impartía aquella organización. No tardé mucho en convertirme yo misma en consultora, para no mucho después pasar a ser instructora. Al cabo de unos años sería designada vicepresidenta de la junta directiva de la organización. Aquél era un grupo de personas sorprendentes, y estaré eternamente agradecida a todos aquellos instructores por compartir conmigo su asombroso don. Desde entonces, no he dejado de seguir las indicaciones de los Señores, Maestros e Instructores de los Registros Akásicos.

Pero llegó un día en que los Seres de Luz me dijeron que debía abrir mi propia escuela akásica, y que ellos me darían las oraciones específicas que debería transmitir a través de mi escuela. Me dijeron que el linaje de mi alma era galáctico, y que yo había vivido y viajado por muchos planetas y dimensiones. Como podrás comprender, me sentí entusiasmada ante la idea de que se me concediera aquella responsabilidad. Los Señores Akásicos me dijeron, «Estas nuevas oraciones conectan con un linaje de almas diferente, que buscan el acceso a los Registros Akásicos», después de lo cual me dieron seis nuevas oraciones sagradas que guardaban relación con distintos linajes del alma. El linaje determina el sendero que ha seguido tu alma a lo largo del tiempo, y da soporte al propósito de tu alma en esta vida. Por ejemplo, si viviste en planetas científicos durante muchas de tus vidas, el propósito de tu alma ahora, en esta vida, puede tener que ver con el desarrollo de nueva tecnología en la Tierra, o bien con descubrimientos científicos que ofrezcan grandes avances en el estudio de las enfermedades, como es el caso del cáncer. Cada una de estas seis oraciones es singular, única, dado que resuenan con el alma de las distintas personas, y las ayudan a recordar algo de su singular sabiduría anímica.

El mero hecho de reconocer qué oración u oraciones son las más adecuadas para ti no sólo resulta fascinante y divertido, sino que te aporta además gran cantidad de información. Comenzarás trabajando con tres de las oraciones de una manera metódica, y formularás preguntas acerca de cada una de ellas, mientras te abres a su esencia para percibir sus diferentes energías. Luego, deberás elegir aquella de las oraciones que más resuene contigo. No pienses ni por un instante que no vas a ser capaz de percibir las diferencias, porque lo vas a hacer. Cada una de ellas resuena con una frecuencia diferente, al igual que ocurre con las personas, de modo que tómatelo como un ejercicio entretenido. Suele suceder también que cada una de las oraciones puede resultar útil en distintos momentos o circunstancias de tu vida, o con diferentes situaciones en las que te puedas encontrar. Muchos de mis alumnos y alumnas se han dado cuenta de que pueden utilizar una oración para preguntas cotidianas como «¿Cómo me organizo el día?» o «¿De qué forma puedo ser útil a mi sociedad hoy?»; en tanto que prefieren otro tipo de oración para abordar asuntos de sus vidas pasadas. Te contaré más acerca de todo esto a medida que pases por los distintos procesos de este libro, y a medida que aprendas a profundizar en tus propios Registros.

Lo fascinante de los Registros Akásicos es que son infinitos. Si te has sentido atraída por este libro y llevas a cabo sus ejercicios, no olvides en ningún momento que eres un ser muy antiguo, y que tus Registros son inmensos. En este libro trabajarás con tres oraciones que conectan con diferentes planetas, dimensiones y linajes; y, con la práctica y una buena dosis de paciencia, aprenderás a confiar en la información que recibes de los Registros.

৯৯ Cómo prepararse ৵৽

El proceso de aprendizaje, *sea lo que sea que aprendamos,* es normalmente una cuestión personal, de modo que sigue tu propio ritmo y tu propia manera de aprender. Si tienes dificultades para abrir tus Registros, o bien no estás seguro de estar accediendo a ellos realmente, ¡no te rindas! Aunque ni siquiera tengas claro lo que está sucediendo, simplemente ten paciencia, contigo mismo y con el proceso, porque los esfuerzos por acceder a los Registros Akásicos siempre dan sus frutos. Estás abriendo una puerta a la información, y terminarás viendo tus progresos a medida que avances a lo largo de este libro, dado que te voy a enseñar cómo has de hacer las preguntas para que te lleven exactamente a donde quieres ir en tus Registros personales.

A lo largo de las páginas de este libro te voy a hablar de los Registros Akásicos en sí, pero también de las oraciones y herramientas de sanación que me dieron los Seres de Luz para ayudarte en tu recorrido. Estas herramientas y oraciones están diseñadas para sanarte a ti misma, para sanar tu vida, tu karma y tus contratos anímicos. Los Seres de Luz te ofrecen un apoyo en la vida, y desean que accedas a una sabiduría que te va a resultar sumamente útil. Yo estoy aquí para ayudarles a ellos a que te ayuden, de modo que relájate en la energía del Campo Akásico y acepta y siente su apoyo y su amor incondicional mientras avanzas por estas páginas.

Yo imparto una serie de cuatro cursos sobre los Registros Akásicos, y lo que estás aprendiendo aquí no es más que una introducción a los Registros equivalente a mi primer curso. En él, enseño a mis alumnas y alumnos a acceder a sus Registros personales, y les indico cómo utilizarlos para transformar su vida diaria. También les enseño otras herramientas que les permiten estar presentes en su cuerpo, a fin de crear y manifestar la vida que su alma requiere.

En el segundo curso, mis alumnos profundizan en las habilidades para acceder a sus Registros personales. Como ya he dicho, los Registros personales son amplísimos, y en este curso trabajamos más con el linaje ancestral, el linaje del alma, el linaje genético, la creatividad y, cómo no, las vidas pasadas, porque hay mucho en nuestras vidas pasadas que nos afecta de un modo patente en esta vida. Es de suma importancia que sepamos qué hemos venido a aprender en esta vida, para que podemos trabajarlo, recuperarlo y utilizarlo.

En el tercer curso, mis alumnas y alumnos aprenden a acceder a los Registros de otras personas; es decir, a partir de aquí pueden hacer consultas con los Registros Akásicos. A veces vienen personas a este curso con la intención de forjarse una profesión, de profundizar en el mundo akásico y utilizarlo en bien de la humanidad. De hecho, tengo muchas alumnas que están aprendiendo a acceder a los Registros de los demás, pero hay otras muchas personas que se inscriben en el tercer curso no porque quieran hacer consultas con clientes, sino porque desarrollan su confianza en la información que reciben de los Registros. Una de las cosas que descubres en este nivel es que los Registros Akásicos de cada persona son diferentes. Tus Señores, tus Seres de Luz, tus Instructores, son *tuyos,* y de ahí que la atmósfera de los Registros Akásicos de cada persona sea distinta.

Tú eres un ser humano único, singular, y los Registros Akásicos de cada persona son un reflejo de esa singularidad. En cuanto empiezas a acceder a los Registros Akásicos de otras personas te das cuenta de las diferencias, así como de las similitudes existentes entre los distintos Registros. Por ejemplo, al consultar los Registros Akásicos de diferentes personas te darás cuenta de que en algunos Registros sientes un incremento en tu capacidad de clarividencia, y ves muchas más imágenes en unos casos que en otros; incluso puedes llegar a ver más cosas en los Registros de otra persona que en los tuyos propios. Quizás desarrolles la clarisentencia en los Registros de una persona energéticamente más sensitiva, lo cual significará que esa persona *siente* la información, más que escucharla (clariaudiencia) o verla (clarividencia). Como consecuencia de ello, el acceso a los Registros Akásicos de otras personas ofrece multitud de oportunidades para adquirir experiencia, información y profundidad de conocimientos. A partir de tus propias experiencias descubrirás cuán gratificante es trabajar con los Maestros y los Instructores. Eso es algo que te puedo garantizar. Y, en cuanto te sumerjas en este mundo, no querrás otra cosa que compartirlo con todos los que te rodean.

El último curso que imparto es el Curso de Formación de Consultores Certificados; de manera que, si te quieres profesionalizar en este tema, convendrá que tengas este certificado. En este curso se enseñan herramientas avanzadas de sanación que puedes utilizar contigo mismo o con tus clientes. Se trata de herramientas que he ido aprendiendo a lo largo de veinte años de trabajo como sanadora energética, operando con una gran variedad de modalidades curativas. Desde el final del tercer curso, se precisan seis meses de formación para convertirse en Consultor Certificado. Si estás interesada o interesado, dirígete por favor a www.akashicknowing.com; allí encontrarás información sobre las distintas enseñanzas y sobre cómo puedes inscribirte, tanto en cursos a distancia como presenciales. Si he hecho una relación de los diferentes contenidos educativos de mi escuela es para que comprendas mejor dónde te encuentras en el proceso de aprendizaje y cuáles pueden ser tus próximos pasos en este proceso, si es que deseas profundizar en los Registros Akásicos.

ᑫ Dirigida, custodiada y protegida ᑭ

En mis clases sobre los Registros Akásicos hacemos una meditación guiada a la que llamamos «Dirigida, custodiada y protegida», aunque yo la llamo también la meditación del «Huevo Dorado». Puedes descargarte esta meditación –acéptala como un regalo– en mi web: TheInfiniteWisdom.com/goldenegg. Es una magnífica manera de centrarte en tu cuerpo y de sumergirte en las mejores y más elevadas vibraciones, al tiempo que te protege, porque te compacta desde el interior hacia el exterior, lo cual es una magnífica forma de establecer límites a tu alrededor.

La importancia de arraigar

Como mínimo, tómate unos instantes para centrarte y arraigar antes de abrir los Registros Akásicos, pues de este modo facilitarás mucho el proceso, al liberar tu espacio de cualquier otra presencia y mantener un enfoque claro en el corazón. Arraigar es un proceso profundo por distintos motivos. Aunque la mayoría de las personas no son conscientes de ello, existe en los seres humanos cierta resistencia a estar en el cuerpo porque lo sentimos pesado, denso y demasiado emocional, sensaciones que no resultan agradables para muchas personas. El cuerpo físico es mucho más denso que cualquier otra cosa a la que estuviéramos habituadas como seres de luz, pero todas estas sensaciones pueden cambiar si aprendes a arraigar.

Éstas son algunas de las ventajas de estar arraigado:

❖ Te sitúa en el aquí y ahora, de modo que dejas de vivir en el pasado o el futuro.

❖ Favorece la manifestación de tus sueños, puesto que es muy difícil crear en el instante presente si no estás en el presente y en tu cuerpo. Tus intenciones no son más que eso, intenciones, a menos que dispongas de la energía física suficiente como para darles forma en el ahora.

❖ El hecho de que tú y tu cliente estéis arraigados le hará más fácil a éste recibir tus mensajes en una consulta.

La meditación de la cometa

La mayoría de las personas descienden sólo hasta el chakra del corazón y no van más allá, cuando es en el tercer chakra, el del plexo solar, donde se verifican gran parte de los procesos creativos en el plano terrestre. Ésta es una meditación que puedes practicar por ti misma o que puedes hacer con tus clientes para que arraiguen.

❖ Empieza por cerrar los párpados.

❖ Imagina una cometa con la forma de tu cuerpo y con una larga cola que se cierne en el aire sobre ti.

- ❖ Agárrate a la cola de la cometa y, suavemente, tira de ella e introdúcela en tu cuerpo.
- ❖ Imagina cómo se extiende por todo tu cuerpo hasta alcanzar los dedos de los pies.
- ❖ Mientras tanto, la cola se convierte en un cordón que te permite arraigar con la tierra, saliendo desde la base de tu columna vertebral, al igual que lo haría la cola de un mono.
- ❖ La cola sigue creciendo y haciéndose más larga, profundizando hasta el centro de la Tierra.
- ❖ Imagina que tu cola se enrosca firmemente alrededor del núcleo de la Tierra.
- ❖ Siéntete llena de tu propia energía.
- ❖ Disfruta de esta sensación durante unos cuantos minutos.

ॐ El deseo de tu corazón ॐ

Considera por qué tu corazón te ha pedido que hagas este trabajo en el Campo Akásico. Dedica unos instantes a pensar en ello, y luego plasma por escrito tres o cuatro razones por las cuales tu corazón te ha pedido que accedas a los Registros. Al combinar la energía de alta vibración del Campo Akásico con las vibraciones de los deseos de tu corazón, la energía del Campo Akásico arraiga literalmente en la forma física, lo cual facilita en gran medida la manifestación de tus deseos.

En cuanto hayas reflexionado sobre lo que desea tu corazón, tómate unos minutos para expresar por escrito entre tres y cinco cosas que deseas recibir o conseguir con los

Registros Akásicos. ¿Deseas aclarar karma del pasado? ¿Resolver algún problema con algún miembro de tu familia? ¿Abordar un problema de salud? ¿En qué aspectos de tu vida deseas recibir orientación? Tus propios Registros son inmensos, infinitos, de modo que formular preguntas útiles y eficientes es de todo punto crucial. Pero hacer preguntas es todo un arte, por lo que convendrá que no dejes de practicar. Durante tu trabajo en los Registros, recibirás gran cantidad de información que te ayudará a avanzar y a tomar decisiones en tu propio beneficio. Las preguntas de sí-o-no ofrecen sólo respuestas simples, de modo que reformula tus preguntas para que las respuestas te ofrezcan una información más completa y profunda.

He aquí un ejemplo de lo importante que es formular las preguntas correctas. En cierta ocasión tuve a una cliente que vino pidiendo una consulta en los Registros Akásicos. La mujer se había divorciado tres años atrás y estaba pensando en iniciar una nueva relación, de modo que las preguntas guardaban relación con este tema: «¿Tendré un nuevo compañero? ¿Cuándo iniciaré una nueva relación?». Yo venía trabajando con ella desde hacía un año, pero ella seguía haciendo este tipo de preguntas, junto con otras relacionadas con cambios profundos en su vida. En una ocasión, ella preguntó, «¿Cuándo, cuándo, cuándo? ¿Cuándo conoceré a un chico?». Y a mí me vino una imagen de inmediato. Era como una foto Polaroid en la que aparecía un hombre. Aquello me sorprendió porque lo vi con todo detalle, incluso su peinado, con una ligera calvicie, una camisa de cuadros roja y negra, y su camioneta negra. Exclamé, «¡Guau! ¡Esto es asombroso! Es como una foto real de alguien. Rara vez veo cosas así». Las dos nos entusiasmamos con aquella información.

Ella preguntó a continuación cuándo conocería a aquel hombre, y la respuesta que recibí fue: «Durante los próximos dos meses, y éste es más o menos su aspecto físico».

Alrededor de tres semanas más tarde, ella me llamó y me dijo, «Le he conocido, y es exactamente como tú lo viste. Incluso tiene una camioneta negra. ¡Y nos hemos enamorado locamente! ¡Es increíble! ¡Estoy muy ilusionada! La vida es maravillosa. ¡Gracias, gracias!». Evidentemente, yo pensé, «¡Esto es asombroso! ¡Pero lo mejor de todo es que esto funciona!».

Pasaron las semanas y, un día, ella me llamó de nuevo para decirme que algo no iba bien. «Tengo la sensación de ser su madre –comentó–. Es excesivamente dependiente. ¿Cómo ha podido suceder esto? ¿Por qué ellos no me lo dijeron? ¿Qué es lo que no funcionó con aquella foto que viste? Él no es mi alma gemela». Yo le dije, «Es curioso. Recapitulemos –y añadí–. ¿Me preguntaste, "¿Cuándo conoceré a mi compañero anímico, la mejor pareja posible para mí? ¿Cuándo conoceré a un caballero que esté en el mismo sendero espiritual que yo? ¿Cuándo conoceré a ese hombre que me sustentará con su amor y su integridad en mi sendero?". ¿Me hiciste alguna de estas preguntas?».

No. La pregunta fue, «¿Cuándo conoceré a un chico?». Es responsabilidad del cliente formular la pregunta, aunque nosotras, como consultoras, tenemos que ayudarles y orientarles. Aquélla fue una experiencia de la que aprendí mucho. En nuestro actual estado humano, es fácil decir, «Estoy preparado para una relación. ¿Cuándo va a aparecer en mi vida?». Pero si lo que de verdad quieres es una pareja que camine a tu lado en tu sendero espiritual y te apoye en la vida, entonces tendrás que hacer preguntas más específicas y profundas. Una de las cosas a las que vas a tener que acostumbrarte en tu trabajo con los Registros Akásicos es a valorar bien tus preguntas. Piensa también en cuál es tu intención, y qué tipo de energía se mueve tras tus preguntas.

Tómate algunos minutos para expresar por escrito algunas preguntas acerca de tus deseos, como «¿Cómo puedo alcanzar mi deseo?» o «¿Qué me impide conseguir, crear o recibir el deseo de mi corazón? ¿Existe alguna intención mejor o más elevada para mí?». Recuerda que aún no estás en los Registros Akásicos. Formularte las preguntas fuera de los Registros, en primer lugar, y *luego* dentro de ellos, es la mejor manera de ver las diferencias en la información que te llega cuando trabajas dentro de los Registros Akásicos. Con este proceso podrás profundizar en la energía de los Registros y recibir información mucho más profunda.

❧ Directrices para acceder a tus Registros ❧

A continuación te ofrezco algunas directrices para que te sientas protegida y dirigida en todo momento durante tu acceso a los Registros Akásicos. En modo alguno pretendo que las conviertas en un dogma, una doctrina rígida, pero te ayudarán a aprender y desarrollarte en los Registros sin restarte libertad individual.

❖ **Mantente presente y consciente en tu cuerpo, y mantén los ojos abiertos cuanto te sea posible,**

pues deberás aprender a discurrir por la vida –y también por tus Registros– con los ojos bien abiertos. Sé que esto es todo un reto para aquellas personas que son clarividentes, pues suelen decirme que les resulta difícil «ver» con los ojos abiertos. Por ello, te sugiero un par de trucos. Puedes cerrar los ojos durante uno o dos minutos, ver una imagen, obtener alguna información y, luego, abrir los ojos de nuevo. También puedes utilizar una pared blanca y vacía, de tal manera que puedes mirarla relajadamente, con los ojos abiertos, y aprender a ver imágenes con el ojo de la mente. Personalmente, yo aprendí a «ver» clarividentemente con los ojos abiertos. Con esto no quiero decir que yo esté viendo las imágenes en el plano físico; las veo con el ojo de la mente, pero con los ojos abiertos. Y, por otra parte, dado que vas a tener que llevar un diario para acceder a tus Registros, te va a resultar difícil escribir con los ojos cerrados.

Los Seres de Luz nos dicen que, con el fin de crear el cielo en la tierra, conviene que recibamos guía y dirección en nuestra vida cotidiana, lo cual significa que es conveniente abrir los Registros con frecuencia a lo largo del día. Establece el hábito diario de entrar en los Registros, porque este proceso funciona maravillosamente bien cuando lo integras en tu vida y en tu trabajo. Ésa es una de las razones por las que recomiendo encarecidamente abrir los Registros para recibir información, y escuchar, sentir, ver, conocer y utilizar tus distintas habilidades intuitivas y sentidos con los ojos abiertos.

sumamente potentes. Los consultores que intentan convertirse en instructores son conscientes del karma que pueden generarse si no tratan estas oraciones akásicas con el suficiente cuidado y respeto. En modo alguno honras a los Registros Akásicos ni a las oraciones curativas si se las cuentas de pasada a algún amigo o amiga. Y es que, en ocasiones, nos entusiasmamos tanto al descubrir esta sabiduría que nos gustaría compartirla con todo el mundo. Así pues, yo te sugeriría que si alguien se interesara en llevar a cabo este trabajo, le remitas a mi página web para que se inscriba en uno de mis cursos, o bien que le regales un ejemplar de este libro.

❖ **Te recomiendo que abras a diario los Registros Akásicos durante el próximo mes, y que reflejes por escrito tus descubrimientos en un diario.** Comienza con 15 minutos, e incrementa el tiempo que dedicas a escribir siempre que puedas. Acceder a los Registros y profundizar en ellos es como el ejercicio físico: convendrá que te habitúes poco a poco, que vayas incrementando la dedicación con el tiempo. Para muchas personas, permanecer en los Registros durante mucho tiempo resulta físicamente agotador debido a que no estamos habituados a unas vibraciones tan elevadas.

Sea como sea, convendrá que abras tus Registros un par de veces a la semana como mínimo, porque sólo así podrás alcanzar la competencia adecuada para este trabajo. Aunque se trata de una herramienta increíblemente potente, precisa de cierta práctica.

Imagino que debes tener la agenda a rebosar, y que no sabrás de dónde sacar tiempo para esto; pero deberías saber que, a la larga, acceder a tus Registros te va a ahorrar tiempo. Por ejemplo, a diario, puedes hacer un par de preguntas sobre cómo organizar tu jornada («¿Debería tomar un camino distinto para ir al trabajo?», «¿Debería cambiar mi rutina matinal?»), o bien consultar si hacer algo nuevo o diferente te va a beneficiar en algo («¿Qué ropa debería ponerme para conseguir el empleo al que aspiro?»).

❖ **El alcohol y las drogas debilitan tus vibraciones, por lo que te sugiero que te abstengas de abrir tus Registros hasta que tu organismo se libere de cualquier sustancia que hayas tomado, normalmente entre ocho y doce horas.** Los medicamentos se pueden aceptar en términos generales, si bien los analgésicos y los somníferos debilitan también tus vibraciones. Simplemente, sé consciente de este hecho, porque puede afectar de algún modo la calidad de la información que recibas. Una vibración baja dificulta en gran medida el acceso a los Registros, porque partes desde una posición energética demasiado baja como para intentar dar el salto hasta la elevada vibración de los Registros Akásicos. Es como si intentases subir los escalones de cuatro en cuatro, un esfuerzo ciertamente improbable para la mayoría de las personas, de modo que intenta mantenerte en un estado saludable y diáfano si quieres acceder con más facilidad a los Registros.

❖ **Por favor, no conduzcas el automóvil con los Registros abiertos.** El trabajo en los Registros te puede provocar cierta desorientación, sobre todo al principio. La mayoría de las veces, los Seres de Luz ni siquiera nos van a hablar cuando estamos conduciendo un vehículo, simplemente porque en esos momentos somos incapaces de escuchar y tomar notas. Podríamos perder y olvidar información si tenemos los Registros abiertos mientras conducimos y, aunque estés plenamente consciente dentro de ellos, no por eso dejas de encontrarte en un estado alterado de conciencia, y puede que incluso te notes ciertamente cansada al cerrar los Registros. Por otra parte, algunos de mis alumnos y alumnas comentan que, cuando comienzan a acceder a los Registros Akásicos, sus niveles de energía se incrementan. Simplemente, recuerda: los Registros y la conducción no deberían de mezclarse; de modo que, por favor, ten cuidado y no lo hagas.

❖ **Dale tiempo a tu organismo.** Estar en los Registros es como hacer ejercicio. Si llevo algún tiempo sin hacer ejercicio y de pronto me pongo a hacer yoga, suelo sentirme más cansada en lugar de sentirme rejuvenecida. Necesito practicar yoga durante unas cuantas semanas, o incluso un mes, para acumular la suficiente resistencia como para integrar el empuje energético que me provoca este ejercicio. Y trabajar con los Registros Akásicos es muy parecido a hacer ejercicio, porque estamos aprendiendo a acceder a una vibración más elevada y a integrarla en nuestro cuerpo físico. El cuerpo no suele vibrar a tan alta frecuencia, de manera que habituarse a esa nueva vibración precisa de tiempo. En esas circunstancias, nuestro organismo inicia un proceso de liberación de las vibraciones más bajas, lo cual contribuye a la sensación de cansancio. Es como si fueras una lámpara; fuera de los Registros eres una lámpara de 30 vatios, en tanto que dentro de ellos te conviertes en una lámpara de 200 vatios. Y, cuando cierras los Registros, se precisa de cierto tiempo para que tu cuerpo recupere la vibración original.

❧ Tres oraciones akásicas para antes de entrar en los Registros ☙

Vas a comenzar trabajando con tres oraciones diferentes que deberás utilizar *fuera* de los Registros, porque quiero que sientas primero la energía intuitivamente, utilizando la clarisentencia. Posteriormente, utilizarás mi **Sistema de Oraciones de la Sabiduría Akásica,** que es un proceso gradual para *entrar* en los Registros. El siguiente ejercicio te permitirá comprender la diferencia entre estos dos procesos.

En este ejercicio encontrarás cuatro sencillas preguntas después de cada oración que te permitirán sentir intuitivamente tu conexión con cada oración. Dado que *no vas a tener abiertos tus Registros,* presta mucha atención a la calidad y la profundidad de la información que intuitivamente recibes. Cuando estés dentro de los Registros podrás compararlas, pero de momento hazlo de manera intuitiva.

Tómate tiempo para reflejar por escrito lo que sientes ener-géticamente y cualquier información que pueda llegarte, y toma nota también de todo cuanto experimentes pues, posteriormente, podría tener un valor confirmatorio. Este proceso te será de gran utilidad a medida que vayas intro-duciéndote en el **Sistema de Oraciones de la Sabiduría Akásica** para abrir los Registros.

Las instrucciones para utilizar las tres oraciones *fuera* de los Registros Akásicos son las siguientes:

1. Lee la oración.
2. Formúlate las preguntas, de la 1 a la 4.
3. Escribe en tu diario lo que has sentido, recibido y experimentado.
4. Pasa a la siguiente oración.

Oración 1

Seres Divinos de Luz de Amor Incondicional, ayudadme a centrarme plenamente en este instante, mientras construyo este espacio sagrado. Por favor, envolvedme en vuestro Amor y permitidme viajar hasta los reinos superiores del Akasha, allí hasta donde se me permita llegar hoy.

Señores, Maestros e Instructores, os pido que me mostréis qué se siente al convertirse en un canal puro de mis Registros Akásicos.

Seres de Luz, guiadme, por favor, hasta la más profunda Verdad acerca de mí. Ayudadme a sanar y liberarme del kar-ma y de los contratos que me han traído a esta vida. Os doy gracias infinitas por vuestro Divino amor, apoyo y protección en este viaje.

Ahora, responde a las siguientes preguntas:
1. ¿Qué siento en mi cuerpo al pronunciar esta oración?
2. ¿Siento algún vínculo emocional con esta oración? ¿Lo siento en el corazón o en el vientre?
3. ¿En qué estoy pensando? ¿A dónde me lleva mi mente?
4. ¿Recibo alguna imagen con esta oración?

Oración 2

Señores Akásicos, ayudadme, por favor, a mantener abierto mi corazón multidimensional al amor Divino, mientras desisto de toda resistencia. Pido a mis Señores, Maestros e Instructores que me permitáis sintonizar con vosotros en mis Registros Akásicos.

Seres de Luz de mis Registros Akásicos, mostradme, por favor, el camino para profundizar en la Verdad de mi alma.

Por favor, mantenedme a salvo y protegido mientras accedo a la información y la sabiduría anímica Divina de mi esfera akásica.

Ahora, responde a las siguientes preguntas:
1. ¿Qué siento en mi cuerpo al pronunciar esta oración?
2. ¿Siento algún vínculo emocional con esta oración? ¿Lo siento en el corazón o en el vientre?
3. ¿En qué estoy pensando? ¿A dónde me lleva mi mente?
4. ¿Recibo alguna imagen con esta oración?

Oración 3

Divina Madre, Padre, Todo cuanto Existe, expandid, por favor, mi estado de conciencia e introducidme en sintonía Divina con mis Registros Akásicos.

Os ruego que activéis los escudos de protección que me circundan mientras profundizo en mi esfera akásica.

Infinitamente agradecido/a y con plena claridad me encuentro ahora en los Registros Akásicos de mi alma.

Ahora, responde a las siguientes preguntas:

1. ¿Qué siento en mi cuerpo al pronunciar esta oración?
2. ¿Siento algún vínculo emocional con esta oración? ¿Lo siento en el corazón o en el vientre?
3. ¿En qué estoy pensando? ¿A dónde me lleva mi mente?
4. ¿Recibo alguna imagen con esta oración?

¿Qué has sentido? De lo que se trataba aquí era de recibir una sensación intuitiva y un primer atisbo de información acerca de las oraciones. Más adelante volveremos sobre ellas y profundizaremos en el linaje anímico de cada una. Dado que cada persona es única y singular, y resuena con información y con vibraciones diferentes a otras personas, cada uno y cada una siente las oraciones de una manera distinta. En la Akashic Knowing School of Wisdom se enseñan distintas oraciones para que nuestros alumnos y alumnas perciban cuál es la vibración más compatible con cada una de ellas y con el linaje de su alma. Pero los Seres de Luz ofrecen nuevas oraciones a medida que se elevan las energías de los estudiantes y del planeta en estos maravillosos tiempos de cambio.

Aquí podrás aprender tres de las oraciones favoritas de mis estudiantes para abrir tus Registros. Tu singular linaje puede ser antiguo o galáctico, de modo que puede suceder que una o dos de las oraciones resuenen más contigo. O quizás descubras que una de las oraciones te encanta, en tanto que otra te resulta útil para formular preguntas más profundas o para recibir respuestas detalladas acerca del sendero de tu alma. Quizás descubras que una de las oraciones te funciona bien para respuestas breves y concisas, en tanto que otra es más eficaz en el espacio expansivo del corazón, como la energía que durante mucho tiempo se guardó en los templos de la diosa.

En mi caso, una de las oraciones me viene muy bien para la meditación, porque es expansiva y galáctica, y me encanta sentarme a meditar dentro del campo vibratorio de esa oración. Pero te sugiero que experimentes con las tres, pues no hay nada correcto o erróneo en este proceso.

ও El trabajo en los Registros ও

Como ya he mencionado en el anterior capítulo, no sirve de nada memorizar las oraciones, porque son una clave vibratoria para abrir la puerta a tus Registros. Hasta el momento, has aprendido las oraciones fuera de los Registros y has podido percibir ya las sensaciones que te transmite cada una de ellas. En este capítulo, sin embargo, vas a recibir más información acerca de cada una de estas oraciones y vas a descubrir qué oración resuena más contigo y con tu linaje del alma.

Cada vez que abres los Registros Akásicos estás creando un espacio sagrado en el que pides ayuda a los Seres de Luz, a los cuales nos referimos en ocasiones como los Señores, Maestros e Instructores. Ellos forman parte de la Fuente Divina de energía, la sección de información de Dios. Viven en la vibración de la Fuente Divina, y desean serte útiles respondiendo a tus preguntas y ayudándote a aclarar y eliminar aquellas cosas que ya no cumplen ninguna función en tu vida. Has de saber que la información te va a llegar de forma clara y fácil, y que no estás canalizando a otras personas, entidades ni seres. Simplemente, has de reafirmarte en la idea de que estás en los Registros Akásicos exclusivamente para hacer la obra de la Divinidad.

Comencemos pues.

❧ El Sistema de Oraciones de la Sabiduría Akásica ❧

1. **Deja clara tu intención.**

    Es de todo punto crucial mantener una actitud clara y abierta cuando nos encontramos los Registros Akásicos, de modo que comienza por afirmar con toda claridad tu intención de ser un canal puro en tu trabajo. La siguiente oración te servirá para este cometido.

Oración de Intención para la Claridad

Señores, Maestros e Instructores, ayudadme por favor a desprenderme de todo aquello que ya no me sirve, inclusive de mis creencias, prejuicios, patrones caducos, programas, bloqueos y constricciones ocultas, mientras accedo hoy a los Registros Akásicos desde una intención pura. Estoy aquí para realizar la obra de la Divinidad. Me he purificado de las energías de otras personas y me siento pleno de energía divina. La información discurre libremente hacia mí y a través de mí.

2. **Elige una de las tres oraciones para trabajar con ella.**
   Recita la oración en voz alta, tal como está escrita. Luego, *en silencio,* repítela dos veces más e introduce en ella tu nombre legal. Puedes hacerlo donde mejor se acomode en cada oración, normalmente donde aparece algún **ME** o **MÍ**.

3. **Formula varias preguntas relacionadas con el tema que quieras explorar.**
   Cuantas más preguntas hagas, más completas y profundas serán las respuestas, y más amplia la perspectiva que se te ofrecerá en tus Registros Akásicos.

4. **Llénate de la energía más elevada.**
   Utiliza la siguiente oración:

Oración para Llenarse de la Energía Akásica más Elevada

Por favor, llenadme con la mejor y más elevada información de los Registros Akásicos, y con la mejor y más elevada energía del nivel físico que sea capaz de sustentar. Gracias por vuestra sanación hoy.

5. **Cuando hayas terminado,** cierra tus Registros utilizando la Oración de Clausura de los Registros Akásicos.

Oración de Clausura de los Registros Akásicos
—

Gracias, queridos Seres de Luz, por el amor incondicional, la sabiduría, la información y la sanación que me habéis ofrecido hoy.

Por favor, ayudadme a regresar plenamente a mi integridad humana, en todas las dimensiones, tiempos y planos. Por favor, ayudadme a integrar la información y la sanación recibidas junto con el don de la Gracia.

*Os ruego que clausuréis y cerréis por el momento los Registros de [**tu nombre legal**].*

Así sea. Amén, Amén, Amén.

ᥡ La apertura de tus Registros Akásicos ᥣ

¿Todo dispuesto para empezar? Ha llegado el momento de recorrer el **Sistema de Oraciones de la Sabiduría Akásica** para abrir tus propios Registros. Convendrá que practiques varias veces la apertura y la clausura de los Registros, formulando las preguntas que se te sugieren en cada una de las sesiones. Y, una vez te hayas habituado a trabajar en los Registros Akásicos, podrás plantear tus propias preguntas. Yo te acompañaré a lo largo de todo el proceso, paso a paso. Vamos a practicar la apertura y la clausura de los Registros Akásicos usando cada una de las tres Oraciones Sagradas que mis Seres de Luz me dijeron que compartiera con vosotros:

1. La Oración de los Registros Akásicos 1 (Sirio)
2. La Oración de los Registros Akásicos 2 (Arturo)

3. La Oración de los Registros Akásicos 3 (El Viajero Galáctico)[3]

Para este ejercicio, abrirás la primera oración y formularás las preguntas que se te dan a continuación. Luego, cerrarás esa oración utilizando la Oración de Clausura de los Registros Akásicos. Repite el proceso con la segunda oración, y luego con la tercera. Toma nota de las respuestas a las preguntas en tu diario.

Oración de los Registros Akásicos 1(S)

1. **Determina tu intención**, y luego pronuncia la Oración de Intención para la Claridad.

Oración de Intención para la Claridad

Señores, Maestros e Instructores, ayudadme, por favor, a desprenderme de todo aquello que ya no me sirve, inclusive de mis creencias, prejuicios, patrones caducos, programas, bloqueos y constricciones ocultas, mientras accedo hoy a los Registros Akásicos desde una intención pura. Estoy aquí para realizar la obra de la Divinidad. Me he purificado de las energías de otras personas y me siento pleno de energía divina. La información discurre libremente hacia mí y a través de mí.

---

3. A partir de ahora, haremos referencia a estas oraciones simplemente como 1(S), 2(A) y 3(G) por hacer las cosas más sencillas.

2. **Recita la Oración de los Registros Akásicos 1(S).**
Pronuncia la oración en voz alta tal como está escrita; y, luego, *en silencio,* repítela dos veces más, introduciendo tu nombre legal donde mejor se acomode, normalmente donde aparece algún **ME** o **MÍ**.

Oración de los Registros Akásicos 1(S)

*Seres Divinos de Luz de Amor Incondicional, ayudadme a centrarme plenamente en este instante, mientras construyo este espacio sagrado. Por favor, envolvedme en vuestro Amor, y permitidme viajar [**a mí, nombre legal**] hasta los reinos superiores del Akasha, allí hasta donde se me permita llegar hoy.*

*Señores, Maestros e Instructores, os pido que me mostréis [**a mí, nombre legal**] qué se siente al convertirse en un canal puro de mis Registros Akásicos.*

*Seres de Luz, guiadme por favor hasta la más profunda Verdad acerca de mí [**nombre legal**]. Ayudadme a sanar y liberarme del karma y de los contratos que me han traído a esta vida. Os doy gracias infinitas por vuestro Divino amor, apoyo y protección en este viaje.*

Una vez hayas abierto los Registros: percibe el cambio vibratorio y saluda a los Seres de Luz que han estado custodiando tus Registros desde tiempos inmemoriales.

3. **Formula varias preguntas** relacionadas con el tema que has elegido. (Para tus sesiones prácticas, haz las preguntas que aparecen abajo). Cuando las formules, deja que la información fluya a través de ti mientras la transcribes en tu diario.

❖ Por favor, mostradme qué sensaciones debo sentir cuando abandono mi mente y me adentro en el corazón, mientras realizo el trabajo de hoy. (Percibe las sensaciones que te llegan de tu cuerpo cuando lees esta oración, y toma nota de ello por escrito).

❖ Maestros Akásicos, ¿qué vínculo emocional tengo con esta oración? (Toma nota de si sientes el vínculo en el corazón o en el vientre).

❖ ¿Tengo un vínculo con esta oración desde el alma o desde una vida pasada? Por favor, explicadme esto.

❖ ¿Qué conviene que sepa hoy?

4. **Llénate con la energía más elevada** pronunciando la Oración para Llenarse.

Oración para Llenarse de la Energía Akásica más Elevada

Por favor, llenadme con la mejor y más elevada información de los Registros Akásicos, y con la mejor y más elevada energía del nivel físico que sea capaz de sustentar. Gracias por vuestra sanación hoy.

5. **Clausura y cierra tus Registros** pronunciando la Oración de Clausura de los Registros Akásicos.

Oración de Clausura de los Registros Akásicos
—

Gracias, queridos Seres de Luz, por el amor incondicional, la sabiduría, la información y la sanación que me habéis ofrecido hoy.

Por favor, ayudadme a regresar plenamente a mi integridad humana, en todas las dimensiones, tiempos y planos. Por favor, ayudadme a integrar la información y la sanación recibidas junto con el don de la Gracia.

*Os ruego que clausuréis y cerréis los Registros de [**tu nombre legal**].*

Así sea. Amén, Amén, Amén.

He aquí un ejemplo de cómo se puede pronunciar la oración en silencio, introduciendo tu nombre legal:

*... Por favor, envolvedme en vuestro Amor, y permitidme viajar a mí, **Ana María García**, hasta los reinos superiores del Akasha, allí hasta donde se me permita llegar hoy... Señores, Maestros e Instructores, os pido que me mostréis a mí, Ana María García, qué se siente al convertirse en un canal puro de mis Registros Akásicos...*

Date cuenta de que repites la oración tres veces: una vez en voz alta, mientras la lees; y dos veces en silencio, con tu nombre legal. Deberás hacer lo mismo con la segunda oración.

Recuerda que en cada ocasión que pronuncias las oraciones estás elevando tu vibración energética. Al recitarla la primera vez, te adentras en el reino akásico al abrir las puertas de tus Registros; al recitarla en silencio por segunda y por tercera vez, te adentras en un nivel más profundo de información en los Registros de tu alma, y tu nombre legal es la llave que abre la puerta a tu información personal. Quizás te hayas percatado ya de que en la Oración de Clausura hay una frase que dice, «Os ruego que clausuréis y cerréis los Registros de [tu nombre legal]»; y es que conviene que te asegures de que tus Registros quedan cerrados cuando terminas tu trabajo.

Utilizarás el mismo sistema para abrir la Oración Akásica 2(A). Si lo haces a continuación de la oración anterior, asegúrate de que tu cuerpo físico puede soportar el trabajo y arráigate bien en la Tierra. No olvides que estás trabajando con vibraciones más elevadas de las que tu cuerpo está habituado a soportar. Te aconsejo que te muevas un poco, que te comas un trozo de chocolate, bebas un vaso de agua o que hagas cualquier otra cosa para asegurarte de que estás plenamente presente y arraigada en tu cuerpo. Una vez tengas la certeza de que lo estás, utiliza el **Sistema de Oraciones de la Sabiduría Akásica** para abrir tus Registros. Yo te lo voy a especificar todo aquí, para que puedas seguir el proceso íntegramente, paso a paso, sin tener que buscar las páginas por el libro.

Ahora, abre la segunda oración y formula las preguntas que encontrarás a continuación de ella.

Oración de los Registros Akásicos 2(A)

1. **Determina tu intención, y luego pronuncia la Oración de Intención.**

Oración de Intención

Señores, Maestros e Instructores, ayudadme por favor a desprenderme de todo aquello que ya no me sirve, inclusive de mis creencias, prejuicios, patrones caducos, programas, bloqueos y constricciones ocultas, mientras accedo hoy a los Registros Akásicos desde una intención pura. Estoy aquí para realizar la obra de la Divinidad. Me he purificado de las energías de otras personas y me siento plena de energía divina. La información discurre libremente hacia mí y a través de mí.

2. **Recita la Oración de los Registros Akásicos 2(A).** Pronuncia la oración en voz alta, tal como está escrita; y, luego, *en silencio,* repítela dos veces más, introduciendo tu nombre legal donde mejor se acomode, normalmente donde aparece algún **ME** o **MI**.

Oración de los Registros Akásicos 2(A)

Señores Akásicos, ayudadme, por favor, a mantener abierto mi corazón multidimensional al amor Divino, mientras desisto de toda resistencia. Pido a mis Señores, Maestros e Instructores que me permitáis [a mí, nombre legal] sintonizar con vosotros en mis Registros Akásicos. Seres de Luz de mis Registros Akásicos, mostradme, por favor, el camino para profundizar en la Verdad de MI alma. Por favor, mantenedme a salvo y protegido mientras accedo a la información y la sabiduría anímica Divina de mi esfera akásica.

3. **Formula varias preguntas relacionadas con el tema que has elegido.** (Para tus sesiones prácticas, haz las preguntas que aparecen a continuación). Cuando las formules, deja que la información fluya a través de ti mientras la plasmas en el papel.

❖ Por favor, mostradme qué sensaciones debo sentir cuando abandono mi mente y me adentro en el corazón, mientras realizo el trabajo de hoy. (Percibe las sensaciones que te llegan de tu cuerpo cuando lees esta oración, y toma nota de ello por escrito).

❖ Maestros Akásicos, ¿qué vínculo emocional tengo con esta oración? (Toma nota de si sientes el vínculo en el corazón o en el vientre).

❖ ¿Tengo un vínculo con esta oración desde el alma o desde una vida pasada? Por favor, explicadme esto.

❖ ¿Qué conviene que sepa hoy?

4. **Llénate con la energía más elevada pronunciando la Oración para Llenarse.**

Oración para Llenarse de la Energía Akásica más Elevada
—

Por favor, llenadme con la mejor y más elevada información de los Registros Akásicos, y con la mejor y más elevada energía del nivel físico que sea capaz de sustentar. Gracias por vuestra sanación hoy.

5. **Clausura y cierra tus Registros pronunciando la Oración de Clausura de los Registros Akásicos.**

Oración de Clausura de los Registros Akásicos

Gracias, queridos Seres de Luz, por el amor incondicional, la sabiduría, la información y la sanación que me habéis ofrecido hoy. Por favor, ayudadme a regresar plenamente a mi integridad humana, en todas las dimensiones, tiempos y planos. Por favor, ayudadme a integrar la información y la sanación recibidas junto con el don de la Gracia. Os ruego que clausuréis y cerréis los Registros de [tu nombre legal].

Así sea. Amén, Amén, Amén.

Oración de los Registros Akásicos 3(G)

1. **Determina tu intención, y luego pronuncia la Oración de Intención.**

Oración de Intención

Señores, Maestros e Instructores, ayudadme por favor a desprenderme de todo aquello que ya no me sirve, inclusive de mis creencias, prejuicios, patrones caducos, programas, bloqueos y constricciones ocultas, mientras accedo hoy a los Registros Akásicos desde una intención pura. Estoy aquí para realizar la obra de la Divinidad. Me he purificado de las energías de otras personas y me siento plena de energía divina. La información discurre libremente hacia mí y a través de mí.

2. **Recita la Oración de los Registros Akásicos 3(G).** Pronuncia la oración en voz alta, tal como está escrita; y, luego, *en silencio,* repítela dos veces más, introduciendo tu nombre legal donde mejor se acomode, normalmente donde aparece algún **ME** o **MI**.

Oración de los Registros Akásicos 3(G)

*Divina Madre, Padre, Todo cuanto Existe, expandid, por favor, mi estado de conciencia e introducidme [**a mí, nombre legal**] en sintonía Divina con mis Registros Akásicos. Os ruego que activéis los escudos de protección que me circundan mientras profundizo en **MI** esfera akásica. Infinitamente agradecido/a y con plena claridad me encuentro ahora en los Registros Akásicos de **MI** alma.*

3. **Formula varias preguntas relacionadas con el tema que has elegido.** (Para tus sesiones prácticas, haz las preguntas que aparecen a continuación). Cuando las formules, deja que la información fluya a través de ti mientras la plasmas en el papel.

   ❖ Por favor, mostradme qué sensaciones debo sentir cuando abandono mi mente y me adentro en el corazón, mientras realizo el trabajo de hoy. (Percibe las sensaciones que te llegan de tu cuerpo cuando lees esta oración, y toma nota de ello por escrito).

   ❖ Maestros Akásicos, ¿qué vínculo emocional tengo con esta oración? (Toma nota de si sientes el vínculo en el corazón o en el vientre).

❖ ¿Tengo un vínculo con esta oración desde el alma o desde una vida pasada? Por favor, explicadme esto.

❖ ¿Qué conviene que sepa hoy?

4. **Llénate con la energía más elevada pronunciando la Oración para Llenarse.**

Oración para Llenarse de la Energía Akásica más Elevada
—

Por favor, llenadme con la mejor y más elevada información de los Registros Akásicos, y con la mejor y más elevada energía del nivel físico que sea capaz de sustentar. Gracias por vuestra sanación hoy.

5. **Clausura y cierra tus Registros pronunciando la Oración de Clausura de los Registros Akásicos.**

Oración de Clausura de los Registros Akásicos
—

*Gracias, queridos Seres de Luz, por el amor incondicional, la sabiduría, la información y la sanación que me habéis ofrecido hoy. Por favor, ayudadme a regresar plenamente a mi integridad humana, en todas las dimensiones, tiempos y planos. Por favor, ayudadme a integrar la información y la sanación recibidas junto con el don de la Gracia. Os ruego que clausuréis y cerréis los Registros de [**tu nombre legal**].*

Así sea. Amén, Amén, Amén.

Convendrá que practiques la apertura y la clausura de tus Registros durante unos cuantos días o, al menos, durante varias horas, pues con ello podrás discernir mejor qué oración es la más adecuada en tu caso. Cada persona recibe la información de un modo diferente, por lo que te sugiero que anotes en tu diario las respuestas a cada una de las preguntas de cada oración; de ese modo podrás llevar un control de lo que sucede cada vez que abres tus Registros y tendrás constancia de tus progresos con el transcurso del tiempo. Recuerda también que estás estableciendo relaciones con los Seres de Luz.

Puede ocurrir asimismo que te cuenten un relato para explicar por qué sientes un vínculo especial con alguna de las oraciones. No se trata simplemente de «¿Tengo algún vínculo emocional con esta oración, sí o no?». Deja que la información te llegue sin enjuiciarla, sea en forma de imágenes, sensaciones, relatos o recuerdos de vidas pasadas. Cuando empieces a trabajar con tus Registros, no tardarás en descubrir que existen infinitas posibilidades de acceso a la información. Éste es uno de los motivos por los cuales tantas personas se interesan en los Registros Akásicos, pero su principal ventaja estriba en que los Seres de Luz facilitan el acceso a los Registros mediante estas oraciones.

Ahora que ya has trabajado con las oraciones, tanto fuera como dentro de los Registros, es el momento de volver a leer lo que escribiste acerca de la Oración 1 cuando estabas fuera de los Registros. Compara la información que recibiste a través de la intuición, fuera de los Registros, con la que aparece ahora en tu diario cada vez que entras en el Campo Akásico. ¿Te das cuenta de la diferencia? Si es así, toma nota de ello. No me cansaré de insistir en la importancia de tomar notas y más notas cuando te encuentras en los Registros, pues es una manera de dar validez a los procesos. Pero lo más importante es que, al llevar un diario, se nos hacen evidentes los patrones de comportamiento, con lo cual nos podemos liberar de ellos con más facilidad.

Una de las cosas que mis alumnas y alumnos suelen comentar es cómo se sienten después de cerrar sus Registros. En la Oración de Clausura de los Registros Akásicos, la palabra «Amén» actúa a modo de cerrojo energético, y yo suelo acompañarlo con mi imaginación, visualizando que le doy tres vueltas a la llave de ese cerrojo. Tú también puedes acompañar el acto de clausura con la imaginación, viéndote cómo clausuras y cierras tus Registros. Un detalle curioso que suelo encontrarme con los alumnos y alumnas nuevas es que, una vez consiguen entrar en los Registros, muchas de ellas no quieren cerrarlos. De hecho, no los cierran bien. Como consecuencia de ello, más tarde vienen preguntando, «¿Por qué estoy tan cansado?», «Creía que había cerrado mis Registros, pero estoy agotada». Lo cierto es que, en realidad, no cerraron sus Registros, sino que se dejaron un pie entre el marco y la puerta. Cuando uno empieza a trabajar con los Registros puede suceder esto, que creas que los has cerrado al pronunciar la Oración de Clausura, cuando en realidad no lo has hecho. Quizás te dejaste un pie en la puerta. A veces, mis alumnas me dicen, «Sigo escuchando voces; sigo recibiendo información», y eso se debe a que en realidad no han clausurado y cerrado sus Registros.

Así pues, convendrá que adquieras el hábito de decir, «En verdad, quiero cerrar mis Registros y, para ello, los cierro en mi cuerpo etérico y los cierro en mi corazón. Podré entrar de nuevo cuando lo desee pero, de momento, cierro decididamente mis Registros». Y *luego* puedes pronunciar la Oración de Clausura, e imaginarte cerrando la puerta y dando la vuelta a la llave tres veces: Amén, Amén, Amén. Para muchas personas, que disfrutan con la vibración de los Registros y que quizás se han pasado toda la vida queriendo acceder a ellos, resulta realmente difícil cerrar la puerta; pero ésta es una amable y cariñosa manera de dejar tus Registros sabiendo, sin ningún género de dudas, que podrás volver a ellos siempre que quieras.

En algunos casos, las vibraciones elevadas provocan sensaciones similares a las del ejercicio físico, de modo que te sugiero que trabajes en tus Registros todos los días entre 20 y 30 minutos hasta que te pongas energéticamente en forma. Posteriormente podrás prolongar tus trabajos hasta una hora, o incluso varias horas si estás trabajando en algún proyecto, como el de escribir un libro o crear cualquier otra cosa.

A lo largo de tu viaje akásico en este libro, te iré enseñando oraciones curativas y otras herramientas sanadoras que podrás usar dentro de los Registros. Pero una cosa que deberás tener muy en cuenta es que cada vez que te liberes de energías antiguas en tus Registros tendrás que reemplazarlas con energías nuevas. Así pues, asegúrate de pronunciar esta oración al concluir cualquier trabajo de limpieza o liberación de energía:

Oración para Llenarte de la Energía
Akásica más Elevada

Por favor, llenadme con la mejor y más elevada información akásica, y con la mejor y más elevada energía física e información que sea capaz de sustentar. Gracias por la sanación que me habéis ofrecido hoy.

Es muy importante reemplazar las energías viejas de las que te has liberado con las más elevadas energías físicas de los Registros Akásicos porque la naturaleza aborrece el vacío, y cuando te liberas de viejas energías estancadas se genera un vacío que hay que rellenar. Si no quieres que se rellene con cualquier otra energía, convendrá que rellenes tú ese espacio con energía de alta vibración que sintonice perfectamente con tu alma.

༄ Los linajes de oración ᥣ

Tal como mencioné de pasada en el capítulo anterior, cada oración representa a un linaje del alma diferente, y de eso es de lo que quiero hablarte ahora.

Hace alrededor de cien años, cuando Edgar Cayce empezó a acceder al Campo Akásico mediante trance hipnótico, la energía akásica iniciaba su regreso a nuestro planeta. Después de todo este tiempo, el acceso se ha afianzado y estamos intentando facilitar el contacto a la gente que lo desea proporcionando una estructura más sencilla. La energía del Akasha se ha hecho más accesible con el transcurso de los años debido a la entrada en la Era de Acuario y a la Convergencia Armónica, además de otros muchos alineamientos celestes que sería largo detallar. Recientemente, el paso a través del portal de 2012, que nos permitió un cambio de conciencia energético, amplió la llamada a los Registros Akásicos.

Cuando los Señores de los Registros Akásicos me pidieron que enseñara nuevas oraciones, me dijeron que era muy importante que la gente pudiera disponer de una amplia diversidad de oraciones. Me dijeron que, en estos momentos de cambio de conciencia en la Tierra, iban a ser muchas las personas que necesitarían culminar sus conexiones con sus respectivos linajes. Es por ello que cada una de las cinco oraciones que enseño en mis cursos de la Sabiduría Akásica dispone de una conexión con un sistema planetario concreto: Arturo, Sirio, Pléyades, Orión y el Viajero Galáctico. Las tres oraciones que se te ofrecen en este libro –la Oración 1(S), la Oración 2(A) y la Oración 3(G)– son las más utilizadas entre mis alumnas y alumnos, y son también las que me instaron a enseñar los Seres de Luz en este libro, por lo que creo que te resultará interesante conocer su historia. Es posible incluso que sientas algo en lo más profundo de ti cuando leas lo relativo a cada una de esas oraciones, pues su historia puede encender una llama ancestral que estaba enterrada en lo más profundo de tu alma.

La **Oración 1(S)** está relacionada con Sirio, la «Estrella Perro». Sirio es el sistema planetario donde tuvieron su origen los antiguos dioses egipcios, y cada vez que contemplo clarividentemente ese mundo estelar me vienen recuerdos de las muchas vidas que viví en el planeta Sirio. De hecho, recuerdo vidas en las que pertenecí al antiguo linaje divino egipcio de Isis y Osiris. Los Seres de Luz me dijeron que los dioses egipcios vinieron a la Tierra en un viaje de exploración, y que eran seres mucho más grandes que los seres humanos de aquella época, por lo cual les parecieron dioses. Al principio, siguieron viniendo a la Tierra, y aceptaron representar el papel de dioses, pero con el tiempo decidieron quedarse aquí, mientras la humanidad evolucionaba, de modo que terminaron encarnando como seres humanos. Debido a su gran tamaño, aquellos seres optaron por fragmentarse en cientos de almas más pequeñas, para nacer después en los dioses de los templos de Isis y Osiris.

Como consecuencia de ello, muchas de las personas que habitamos actualmente la Tierra pertenecemos al linaje de Isis o de Osiris, o bien de alguno de aquellos otros dioses menos conocidos. Muchas personas se encuentran con que, en sus propios Registros Akásicos, o quizás durante una lectura intuitiva o una lectura psíquica, alguien les dice, «Oh, tú eres Isis. Tú eres del linaje de Isis». Históricamente, eso significa que tu origen se remonta al sistema estelar de Sirio, y que formaste parte de la transición al cuerpo humano de la gran madre Isis y el gran padre Osiris. Eres parte de aquellos fragmentos que encarnaron en bebés humanos. Con el tiempo, su linaje se extendió con el nacimiento de miles de Isis y Osiris humanos. Si alguien te dice que eres de la energía de Isis o del linaje de Isis, no está queriendo decir que seas, personalmente, Isis, sino que fuiste uno de los miles de seres originales que encarnaron aquí en algún momento de la historia de la antigüedad, o bien que nació de ese linaje genético. Cuando aprendas a navegar por tus Registros, pregunta a los Seres de Luz por los conocimientos ancestrales de Sirio.

La **Oración 2(A)** está relacionada con Arturo. Ha habido muchos arturianos visitando la Tierra durante los últimos miles de años, pero me he dado cuenta de que, actualmente, hay muy pocos de ellos aquí con alguna misión concreta. La información que he recibido en los Registros Akásicos a este respecto es que los arturianos fueron un pueblo guerrero durante mucho tiempo, pero que en un momento determinado sufrieron una transformación. Tomaron conciencia de ser un pueblo y un planeta, y dejaron de luchar. Según mi experiencia, los alumnos y alumnas que resuenan con esta oración suelen carecer de confianza en esta vida, cosa que les lleva a realizar un trabajo relacionado con el corazón. Es como si estuvieran aquí para sanar las energías del corazón mediante el desarrollo de la confianza en los demás.

Los arturianos comenzaron a estudiar las galaxias a su alrededor y a tomar en consideración las consecuencias de sus costumbres guerreras, y se dieron cuenta de que, de seguir por aquel camino, iban a destruir su planeta y los planetas vecinos. Y lo único que se les ocurrió que podrían hacer para terminar con las guerras fue aislarse, distanciándose de todos aquellos que no vivieran en Arturo. Lo que hicieron fue aislarse en su propio planeta, en Arturo. Renunciaron a sus viajes interplanetarios para concentrarse en el amor divino y la unidad, y con ello alcanzaron la dicha, convirtiéndose en seres iluminados, aunque aislados del mundo en sus amuralladas ciudades. Se trata de un grupo de gente muy interesante, porque tienen un corazón grande y tierno, pero suelen tener viejas murallas protectoras en torno a ellos. En la antigüedad, proteger sus corazones fue una sabia medida, pues les mantuvo a salvo de las represalias de sus beligerantes vecinos. Sin embargo, actualmente, están aquí para abrir su corazón a la humanidad. De hecho, ése es su mayor desafío, abrir su corazón a la humanidad y transmitir su sabiduría acerca de la búsqueda del amor incondicional y el perdón. ¿Comprendes por qué tu gran reto en la vida tiene su origen en el aislamiento y en haberte cerrado al amor?

Uno de los motivos por los que vienen algunos arturianos a la Tierra en estos momentos es porque quieren ayudarnos en nuestra transición. Ellos pasaron de ser un pueblo guerrero y conquistador a un pueblo completamente pacífico e iluminado, y eso se parece mucho a lo que va a ocurrir aquí en la Tierra, pues vamos a transitar desde las guerras, las conquistas y el genocidio a un estado iluminado. Muchas almas arturianas están viniendo a trabajar en los Registros Akásicos, y estoy convencida de que todo aquel o aquella que resuene con la Oración 2(A) ha vivido en Arturo. ¿Será ése tu caso? Normalmente reconocerás a los arturianos porque están aquí enseñándonos a vivir desde el corazón, a despertar e iluminarnos, encarnados en un cuerpo humano mientras están en la Tierra. Nos están enseñando que la iluminación no tiene por qué significar el abandono o la muerte, ni tenemos necesidad de recluirnos en un monasterio, de aislarnos de la civilización ni de pasarnos el tiempo meditando. Nuestro siguiente paso consiste en construir una vida celestial y dichosa aquí en la Tierra y disfrutar de los regalos que nos ofrece la Madre Tierra.

A la **Oración 3(G)** la llamo el Viajero Galáctico, pues no está relacionada con ningún planeta, plano o dimensión, al igual que ocurre con las otras dos, sino que está vinculada con almas que disfrutan viajando y conociendo todo aquello que las galaxias pueden ofrecer. Se trata de almas que disfrutan especialmente experimentando distintas perspectivas, del mismo modo que disfrutan de las grandes extensiones del Universo. Han viajado por muchos planetas y galaxias, y se sienten como en casa en muchos lugares. Con frecuencia se les llama «Semillas de Estrellas», y es posible que hayan venido en estos momentos con un contrato anímico para traer a la Tierra información y tecnología de otros mundos.

Pero existen otros muchos planetas en los que no hemos vivido, por lo que las oraciones relacionadas con aquellos linajes anímicos quizás no resuenen contigo. Lo que sí te sugiero es que no adoptes idea preconcebida alguna acerca de tu linaje personal. Todos los planetas y galaxias han sido el hogar de seres sabios y poderosos, y existen otros muchos lugares de los que aún no dispongo de oraciones. Cuando los Seres de Luz consideren que ha llegado el momento, confío en que me las darán.

Las Pléyades, conocidas también como las Siete Hermanas, es de donde se cree que vinieron los mayas. Estos antiguos seres trajeron mucha energía e información a la Tierra debido a que estaban muy cerca de nuestro planeta. Pero habitantes de todos los planetas trajeron multitud de habilidades, talentos, inteligencia y conocimientos creativos a nuestro planeta. Los de Sirio y los egipcios aportaron importantes conocimientos arquitectónicos y tecnológicos a la Tierra; en tanto que los arturianos, con sus energías centradas en el corazón, están ayudando a despertar a la humanidad y a la Tierra en el amor incondicional. Los Viajeros Galácticos también disponen de muchos talentos, que están compartiendo con los habitantes de la Tierra. Cuando empecé a estudiar los Registros Akásicos, la oración pleyadiana era la única oración que conocía, pero los

Seres de Luz me dijeron que abriría mi propia escuela de Registros Akásicos y que recibiría otras muchas oraciones de los Registros Galácticos que resonarían con muchas más personas. Me dijeron que las nuevas oraciones facilitarían el acceso a la información, y lo cierto es que haber podido traer estas oraciones se ha convertido en una maravillosa y profunda experiencia para mí. No puedo estar más que agradecida a los Señores del Campo Akásico por haberme concedido la responsabilidad de traer esas oraciones al plano terrestre y poder enseñártelas ahora.

Los Seres de Luz dicen que ha llegado el momento de que la sabiduría y la guía divina regresen a la humanidad. Tu guía akásica personal te ayudará a materializar el deseo de tu alma y a actualizar el propósito de tu vida, pero también a crear el cielo en la Tierra mientras entramos en la quinta dimensión.

Los Seres de Luz nos han dicho que los Registros Akásicos nos proporcionan también un sendero personal hacia el despertar. El trabajo con los Registros nos permite pasar desde la pequeña visión humana a la conciencia divina del todo; porque, en definitiva, nos encontramos en la Fuente Divina de energía. Cuando nos hallamos en esta elevada frecuencia vibratoria podemos acceder a la mente divina, así como a la sabiduría del pasado, el presente y el futuro. Y, si dedicamos un poco de tiempo a nuestros Registros, podremos pasar desde esta densa y mundanal perspectiva hasta la panorámica de la sabiduría divina. Meditando activamente en esta vibración, la conciencia de seres divinos que en realidad somos sustenta el proceso de despertar en el nivel de la conciencia.

Cuando abras tu corazón y tu mente, los Seres de Luz te ayudarán a conectar con la divinidad en la que todos somos Uno. Es, ciertamente, el sendero del despertar de esta Unidad, un maravilloso viaje de vuelta a la verdad de lo que siempre hemos sido.

El diario: Las páginas de la autosanación

El diario es una poderosa herramienta que te ayuda a suscitar el cambio personal, que te lleva a tomar conciencia de tu potencial para el crecimiento personal y espiritual.

He aquí los motivos por los que conviene que lleves un diario:

❖ Porque, como descubrirás, durante el trabajo en los Registros se recibe una ingente cantidad de información, y no te va a resultar fácil recordarlo todo. También descubrirás que no vas a poder comprender toda la información de buenas a primeras, por lo que convendrá tenerlo todo por escrito para poder releerlo después y captar mejor los significados más profundos.

❖ Porque a través del diario te darás cuenta de cuáles son los temas centrales y recurrentes, e identificarás los mensajes más importantes, aquellos que deberás tomar más en consideración con el fin de culminarlos. Por otra parte, si vives una y otra vez la misma situación, siempre puedes recurrir a tu diario para localizar otro momento similar. Sin ese diario, sin ese registro de preguntas y de información, quizás no halles similitudes en situaciones diferentes. Sin embargo, recurriendo a tu diario encontrarás el desencadenante, ese botón que, una vez pulsado, te lleva inevitablemente a la misma situación. Entonces podrás pedir más información en los Registros, para averiguar si has estado pasando algo por alto en esas situaciones. Es posible que tengas un contrato anímico o un karma a punto de cerrar, pero que todavía no has liberado.

❖ Porque puedes descubrir quién eres en realidad, simplemente registrando y releyendo tus experiencias. Escribir el diario te ayudará a aclarar aquello en lo que crees, lo que quieres hacer con tu vida y cómo conseguirlo con la ayuda de los Seres de Luz.

❖ Porque el diario valida tus experiencias al hacerte consciente de cuánto has avanzado, las pruebas que has superado y lo que tienes que hacer para mantenerte en sintonía con tus intenciones.

❖ Porque al tomar nota de tus experiencias en los Registros estás generando tu propio vínculo personal con la Fuente Divina, y estás escribiendo una guía inspiradora para todas aquellas personas que vengan detrás de ti.

No dejo de sorprenderme cuando reviso mis diarios al cabo de un mes, y sobre todo al cabo de un año o más. El diario me permite recordar qué es lo que preguntaba yo por entonces, o qué me resultaba tan difícil en aquellos momentos, quizás ya distantes en el pasado. Siento que mis experiencias adquieren validez cuando reviso mi diario, y me doy cuenta de cuánto me han ayudado desde los Registros. Me recuerda hasta qué punto se me ha ayudado en los momentos más difíciles, que siempre culminan con un momento expansivo. Escribir el diario nos permite tomar conciencia de lo mucho que hemos avanzado, y realza el trabajo que hemos hecho y el que estamos haciendo. Nos muestra que, cuando prestamos atención a los consejos y la sabiduría de los Registros, nuestra vida se hace mucho más fácil. Los Registros nos ayudan a alterar el rumbo y a transformar nuestra vida para bien. Se trata de un trabajo profundo, y deberíamos reconocer el coraje que se necesita meternos dentro y seguir avanzando día a día bajo esta dirección amorosa.

Sin embargo, por otra parte, conviene que no nos tomemos el trabajo de llevar un diario como algo que *tenemos* que hacer. El mero pensamiento de que *tenemos* que abrir los Registros, hacer preguntas y buscar orientación niega la sabiduría del amor incondicional que los Seres de Luz nos ofrecen. Cuando validamos nuestra experiencia viendo lo lejos que hemos llegado en este viaje al que llamamos vida, y cómo ha cambiado todo para bien en nuestra vida, sentimos la inspiración necesaria para seguir avanzando.

Hace algún tiempo, me compré una estantería nueva y me puse a reordenar mis libros y mis diarios. Tenía todos mis diarios akásicos amontonados en el suelo, y de pronto la pila se derrumbó. Había muchos diarios, puesto que vengo escribiendo sobre mis experiencias akásicas desde hace muchos años. Mientras me movía de aquí para allá por la habitación, pasé por encima de la pila de diarios en varias ocasiones. Años atrás, los Seres de Luz me habían dicho que tendría que escribir unos cuantos libros, y aquello se quedó en algún rincón de mi cabeza. ¿Qué se supone que tengo yo que escribir? ¿Qué se supone que tengo que decir? Pero, aquel día, al pasar por encima de la pila de diarios, escuché una voz en mi cabeza diciéndome que acababa de pasar por encima de «los libros». Concretamente, escuché esto: «Busca en ellos. Vuélvelos a leer, y encontrarás la sabiduría y la información que debes compartir y sobre la cual debes escribir». Así pues, nunca se sabe en qué momento los diarios te van a ser útiles en el sendero de la vida.

¿Estoy realmente en mis Registros Akásicos?

Cuando se empieza a trabajar con los Registros Akásicos puede suceder que nos asalten las dudas sobre si realmente estamos escuchando o sintiendo todo aquello. Muchas veces dudamos de nuestra clarividencia por el mero hecho de que no vemos demasiadas imágenes, o porque pensamos que la voz que escuchamos en nuestra cabeza se parece a nuestra propia voz. Esto nos lleva a pensar que quizás ésa no sea la voz de los Seres de Luz de los Registros, que quizás nuestro ego se ha entrometido en el proceso. Pues bien, te dejo aquí algunos consejos para que puedas superar las dudas y confíes más.

❖ Si has tenido un día muy ocupado y estresante y abres los Registros, es muy posible que lleves contigo la energía de otras personas o las energías de la jornada. Así pues, tómate tiempo para tranquilizarte y para centrarte. Haz una breve meditación, como la de «Dirigida, Custodiada y Protegida», que hicimos previamente en este libro. («Dirigida, Custodiada y Protegida está disponible también en formato audio, en inglés, con música, en www.theinfinitewisdom.com/goldenegg.)

❖ Otra cosa que puedes hacer es pronunciar la Oración para Liberarse de las Energías Ajenas, que se enseña en el próximo capítulo. Esta oración, al igual que otras muchas herramientas, te permitirá desprenderte de las energías de otras personas, a fin de que puedas centrarte en tu propia verdad.

❖ Siempre que te surjan dudas sobre si estás en tus Registros, lo más sencillo es clausurarlos, centrarte y arraigar en tu cuerpo, y luego comenzar de nuevo repitiendo el **Sistema de Oraciones de la Sabiduría Akásica**. No olvides leer la oración y concentrarte en las palabras mientras abres los Registros. No memorices la Oración de Apertura. La Oración de Intención es especialmente beneficiosa cuando las dudas son intensas.

❖ El hecho de concentrarse en las preguntas que quieres formular al entrar en los Registros puede servirte para recibir una imagen más amplia y para que sientas la profundidad de las respuestas. Con ello, aminorarás las dudas. Cuando pienses, «A mí no se me habría ocurrido eso», será cuando confirmes que las respuestas no proceden de ti, sino de una Fuente Divina.

❖ Comienza con preguntas sencillas, que no revistan demasiada transcendencia en tu vida. Al igual que con cualquier otra herramienta, tienes que practicar con ella para hacerte competente en su manejo. Un ejemplo de pregunta sencilla es, «¿Hay algún ejercicio físico o algún alimento que pueda ser beneficioso para mí hoy?». No hagas preguntas como «¿Cuál es el propósito de mi vida?» o «¿Debería divorciarme y vender la casa?».

❖ También puedes hacer las preguntas de una manera diferente, o pedir a los Seres de Luz que te ayuden a formular nuevas preguntas.

❖ Si, aun así, sigues sin recibir información alguna, quizás exista alguna interferencia que tengas que superar. Para liberarte de la interferencia y recibir respuesta a tus preguntas puedes pedir a los Seres de Luz que te dirijan a una o más de las oraciones curativas que propongo en el capítulo 3. Repite la oración curativa tantas veces como lo consideres oportuno, y luego pregunta, «¿He superado la interferencia?». Si no, repite la oración hasta que la información comience a fluir de nuevo.

❖ También puede resultar útil preparar y purificar tu espacio de oración pronunciando las cinco oraciones curativas del capítulo 3 antes de abrir los Registros Akásicos.

❖ Utiliza el Punto de Liberación de Energía, del que se habla en el capítulo 3, para redirigir la mente consciente y acceder a la información que estás buscando. Con esto también te liberarás de las constricciones de tu campo energético, con lo cual accederás con más facilidad a la información.

❖ Presta mucha atención a cómo sientes las respuestas en tu cuerpo. ¿Se te eriza la piel o sientes ganas de llorar? Porque quizás las respuestas estén resonando energéticamente en tu corazón, con independencia de tus dudas acerca de si estás o no en los Registros. Toma nota en tu diario de la experiencia y léelo más tarde.

❖ Sal de la mente escribiendo la pregunta en tu diario, para dejar después que las respuestas fluyan a través de ti. No le des vueltas a lo que recibes mientras escribes; simplemente, espera hasta que hayas terminado de recibir la información. Y, cuando releas lo que has escrito, es muy posible que te sorprendas con la información.

❧ Aprender a confiar ☙

Vamos a jugar con lo que has aprendido hasta el momento haciendo otro ejercicio que te demostrará la diferencia entre la información que has recibido fuera de los Registros y la que has recibido dentro.

En primer lugar, pregúntate, «¿Qué puedo hacer para vivir con más paz y alegría?».

Tómate tres o cuatro minutos para responder a esa pregunta *fuera* de los Registros. Como recordarás, cuando estás fuera de los Registros estás utilizando la intuición, tu estado no-mágico de ser –¡tu estado Muggle, si eres fan de Harry Potter!–. Toma nota de las respuestas, así como de cualquier sensación o sentimiento que puedas tener.

Después, *abre* tus Registros con la oración que más te resuene. Pronuncia la oración en voz alta y luego, en silencio, recítala dos veces más, introduciendo tu nombre legal. Luego, con los Registros abiertos, pregunta, «¿Qué puedo hacer para vivir con más paz y alegría?». También aquí, toma nota de la pregunta y de las respuestas, y acuérdate de no dejarte llevar por la mente y permitir, simplemente, que la energía fluya. Toma nota en tu diario de cualquier cosa que pienses o sientas, o de cualquier cosa que puedas escuchar o que cruce por tu mente, aunque sea una imagen.

Finalmente, lee las respuestas a la pregunta fuera y dentro de los Registros. ¿Te das cuenta de la diferencia de energías existente dentro y fuera de los Registros? ¿Has exclamado de pronto «¡Ya lo entiendo!» al leer lo que escribiste? En la mayoría de las ocasiones, cuando formulamos una pregunta tanto dentro como fuera de los Registros, obtenemos respuestas completamente diferentes. Fuera de los Registros, quizás se te pase por la cabeza, «Tengo que hacer más ejercicio»; pero, cuando abres los Registros de tu alma, los Seres de Luz te dicen que tu ánimo mejorará considerablemente si estás más centrado espiritualmente, bien meditando o bien caminando por la naturaleza.

Date cuenta también de que la información puede mostrarse como una idea diferente o tomar el aspecto de una sugerencia. Por ejemplo, quizás pienses que debes dedicar más tiempo a tus Registros para sentirte un poco más en paz con tu vida, y los Seres de Luz te dicen algo parecido, orientándote hacia un tipo de meditación en concreto o hacia una oración específica, o bien te sugieren que hagas meditación Zen mientras caminas para serenar tu mente.

Practica cuanto puedas, y utiliza los Registros hasta para las más pequeñas decisiones cotidianas. La práctica, dentro y fuera de los Registros, es una magnífica manera de recobrar fuerzas y de validar la información que recibes. Por ejemplo, pregúntate, «¿Qué me vendría bien cenar esta noche?». Toma nota de cualquier cosa que te venga a la mente y, luego, abre los Registros Akásicos y pregunta a los Seres de Luz qué deberías cenar esta noche, que sería lo más beneficioso para tu cuerpo, y compara las respuestas.

Por último, no te sorprendas si en algún momento abres los Registros y te encuentras con una descarga sustancial de información acerca de quién eres como alma, dónde estuviste en tus vidas pasadas, qué hiciste en aquellas vidas, y qué has venido a hacer aquí en esta vida. Para algunas personas, esto es algo que sucede más pronto que tarde en el proceso; para otras, ocurre al cabo de un año, o durante sus estudios avanzados en los Registros Akásicos.

Capítulo 3

La sanación a través de los Registros Akásicos

Resolviendo problemas con la ayuda del Campo Akásico

Los Registros Akásicos son algo así como una sombrilla protectora de información, de sabiduría infinita procedente de la Fuente Divina. De hecho, es la vibración energética más elevada a la que puedes acceder. Lo único que tienes que hacer para recibir la sanación desde el campo de energía akásico es abrir tus Registros y dejar que la energía te impregne. Por favor, guarda esto en tu corazón y pide a los Seres de Luz que te ayuden a aclarar y liberarte de los viejos patrones de energía que ya no cumplen ninguna función.

¿Te acuerdas de cuando estabas aprendiendo a leer? Pues bien, lo mismo ocurre en el aprendizaje con los Registros Akásicos. Tendrás que dedicar tiempo, concentración y atención para aprender a operar en las diferentes áreas de tus Registros.

Los Seres de Luz nos han proporcionado herramientas de gran profundidad, aunque de fácil manejo.

Pero debo avisarte de que no te dejes engañar por su simplicidad, pues son instrumentos muy poderosos.

En este capítulo te ofrezco cinco oraciones curativas y varias visualizaciones dirigidas para que las utilices mientras trabajas con los Seres de Luz en tus Registros Akásicos. Puedes memorizar estas oraciones, puedes utilizarlas dentro de los Registros o puedes recurrir a ellas en cualquier otro momento a lo largo del día, cuando tus Registros estén cerrados.

Te sugiero que las imprimas, que las lleves contigo y que se las ofrezcas a aquellos amigos o amigas que necesiten ayuda.

Las cinco oraciones que encontrarás en las siguientes páginas son:

1. La Oración del Perdón
2. La Oración de Purificación Física
3. La Oración para Liberarse de las Energías Ajenas
4. La Oración para Liberarse de Entidades y Patrones de Energía
5. La Oración para Sintonizar con tu Alma

Los Seres de Luz le proporcionaron a la humanidad estas herramientas curativas con todo su amor, pues deseaban ayudarnos a eliminar bloqueos mentales y emocionales del pasado, para que pudiéramos progresar en el amor y la gracia.

❧ Cómo recuperar tu energía ❧

Todos dejamos desperdigada nuestra energía por el mundo casi sin darnos cuenta. Por ejemplo, cuando recorremos un lugar de gran belleza y nos marchamos de allí con dolor de corazón, solemos dejar atrás una parte de nosotros mismos. En realidad, dejamos atrás esa energía para mantener de algún modo la conexión con aquel lugar. Cuando hablamos por teléfono con nuestros amigos o nuestra familia, también solemos dejar atrás parte de nuestra energía. O bien, cuando pasamos una velada fabulosa, cada vez que pensamos en ello, que lo recordamos, dejamos pequeños fragmentos de nosotras mismas detrás. También podemos dejarnos una buena cantidad de energía si hemos tenido una discusión acalorada con alguien y seguimos enfadados o dándole vueltas al tema. Sólo con que imagines el efecto acumulativo de ir dejando atrás tanta energía a lo largo de toda una vida, podrás hacerte una idea de lo agotador que puede llegar a ser.

En ocasiones, podemos llegar a sentir realmente a las personas en distintas partes de nuestro cuerpo. Por ejemplo, los canales telepáticos que hay en torno a los ojos coinciden con los senos faciales. Quizás pienses que estás congestionada por un cambio climatológico cuando, en realidad, es muy posible que alguien esté pensando en ti y manteniendo una conversación en su cabeza contigo. Te sorprendería cuán a menudo dejas tu energía conectada con otras personas u otros lugares, y esto puede provocarte sin duda cierto sentimiento de fragmentación, la sensación de no sentirte completo. Quizás no puedas corroborar esa sensación de forma tangible, pero sabes que no estás presente al cien por cien.

Una de las herramientas más potentes que ofrezco a mis alumnas y alumnos es la de las visualizaciones dirigidas, con las cuales pueden recuperar sus energías. Así pues, comencemos por reclamar y recuperar nuestra propia energía. Verás cómo, de este modo, te vuelves a sentir maravillosamente pleno de ti mismo, en el mejor de los sentidos.

Meditación para Recuperar tu Energía

Comienza por inspirar y espirar profundamente tres veces. Con la primera inspiración, siente cómo tu aliento llena tu cuerpo, desde la coronilla hasta las puntas de los dedos de los pies. Luego, espira profundamente y por completo. Con la segunda inspiración, hincha tu vientre al máximo, retén el aire por unos instantes y luego exhala lentamente. La tercera inspiración deberás centrarla en la zona del pecho, mientras sientes cómo tu corazón se abre y se expande en la paz y la alegría. Después, exhala para liberarte de todo cuanto ya no te sirve en este momento, o bien de todo aquello que te impide sentir la paz y la alegría que has llevado hasta tu corazón.

A continuación relaja los ojos, mientras dejas que tu cuerpo se relaje, e invita a tu espíritu a llenar todo tu cuerpo físico. Siente el sustento divino a tu alrededor, mientras conectas con la Madre Tierra a través de los pies. Dale las gracias a la Tierra por sustentar tus pasos día a día a lo largo de tu viaje.

Arraigarás mejor si sales fuera de casa y caminas descalza por la hierba, o bien por la arena en la playa. Vivas donde vivas, conecta con la tierra bajo tus pies y disfruta de ella, y siente cómo su energía asciende por tus piernas e inunda todo tu cuerpo.

Lo que vas a hacer ahora es imaginar que por encima de tu cabeza hay un hermoso sol dorado del tamaño de un balón de básquet. Pon la intención en que, a medida que ese sol dorado rota sobre sí mismo, está llamando a tus energías para que regresen, todas las energías que has ido dejando esparcidas por el mundo. Imagina que esa esfera dorada sigue dando vueltas sobre tu cabeza, por encima de tu chakra corona, atrayendo todas las energías positivas y amorosas que te dejaste por el camino. Toda esa energía se entremezcla y se funde con ese sol dorado. Y, luego, tómate unos instantes para visualizar o sentir lo que está ocurriendo.

Deja que esa gran bola dorada siga girando y girando, mientras respiras profundamente y ves o sientes cómo toda esa energía regresa y se introduce en la bola de luz. Ese sol dorado atrae tus energías como si de un imán se tratara; y, a medida que va absorbiéndolas, su luz se hace más hermosa, dorada, casi líquida; una luz líquida que se derrama en tu cuerpo a través del chakra corona. Toda esa energía que vuelve a casa se transforma en una elevadísima vibración dorada en tu cuerpo, en tu campo de energía, en tu campo áurico. Allá donde se encontrarán, todas tus energías regresan al mejor lugar al que podrían volver, y ni siquiera necesitas saber de dónde vienen. Cuando sientas que has recuperado toda tu energía, imagina que el sol comienza a reducir su velocidad de rotación. Observa cómo ese precioso sol dorado se convierte en una bola de luz líquida dorada.

Finalmente, el sol dorado se funde directamente en tu cuerpo. Quizás puedas sentir incluso como un goteo cálido en tu interior, o un hormigueo que te recorre el cuerpo hasta las puntas de los dedos de los pies. Es tu energía más elevada, que vuelve a casa ahora.

ॐ Karma y perdón: La Oración del Perdón ॐ

En este apartado voy a compartir contigo la Oración del Perdón, una plegaria que te puede ayudar a aclarar y limpiar el karma. Esta oración nos la dieron los Seres de Luz de los Registros Akásicos para que nos liberáramos de las viejas energías kármicas que nos impiden cumplir con el propósito de nuestra alma.

Sin embargo, me gustaría explicarte antes de qué modo hablan del karma los Seres de Luz, pues considero que es importante tener las ideas claras acerca de lo que es y lo que no es karma. El karma no es un castigo; no tiene nada que ver con el ojo por ojo y diente por diente. El karma es la culminación de un ciclo de crecimiento. En tanto que almas, venimos a la Tierra a experimentar todos los aspectos de la vida, de tal modo que, cuando abandonamos un empeño por cualquier motivo, todas aquellas acciones que no se llevaron a término se transforman en karma. Dicho de otro modo, no hemos aprendido todo aquello que teníamos que aprender como alma, tal como estaba previsto en un principio.

Imagina que cada vida fuera una tarta, y que tú discurres por la vida alimentando tu alma con esa tarta cuando, de pronto, sucede algo que te afecta profundamente; te afecta tanto que te alejas de esa situación y de la tarta. Y ahí se queda todo, dejándote dos tercios de la tarta sin comer. Tal abandono lo podemos hacer de distintas maneras. Unas veces lo hacemos abandonando la vida. La gente se siente tan desdichada que su cuerpo dice «Bueno, hasta aquí hemos llegado. Me vuelvo y ya lo intentaré a la próxima». Quizás la persona se pone enferma y opta por dejarse ir; o quizás tiene un accidente y muere. Otras veces, recurrimos a las drogas o al alcohol para adormecer el dolor; en este caso, quizás no se trata de un abandono físico, pero sí de un abandono emocional. Éstos son sólo un par de ejemplos de cómo la gente puede escapar de su karma y dejarse la tarta sin acabar.

Por otra parte, a cada persona se le dan como mínimo un par de oportunidades para dejar esta vida –su tarta–, si así lo decide. Yo llamo a esos momentos «puntos de salto». Tú quizás hayas tenido cinco o seis momentos diferentes en la vida en los que podrías haber «saltado» fuera de esta existencia. Quizás tuviste un terrible accidente del cual saliste milagrosamente ilesa; ése pudo ser un punto de salto para ti, pero tu alma decidió seguir adelante. Si tu alma era desdichada y hubiera decidido que esta vida no estaba funcionando, que habías cometido un error irreparable, podría haber decidido utilizar ese «accidente» para abandonar. Pero ten en cuenta que todas esas decisiones del alma ocurren normalmente de forma inconsciente. Si la persona no abandona la vida tras un accidente así es porque el alma siente que tiene la vida bajo control. Es como si el alma dijera, «Sé lo que estoy haciendo. Externamente, las cosas pueden parecer o no idóneas, pero yo estoy siguiendo mi sendero. Estoy aclarando mi karma. Estoy haciendo mi trabajo». Y la persona sale indemne del accidente, o bien con algún arañazo o chichón, pero sale trasformada de algún modo.

Dado que somos almas únicas y singulares, nuestras posibilidades de reacción son infinitas, sea en lo personal o en lo anímico. Por ejemplo, hay personas que sufren graves heridas en un accidente, para luego convertirse en modelos de vida por el coraje que muestran para superar sus adversidades y por la sabiduría que aportan al resto de la humanidad con su ejemplo. Pero existe también otra opción, la de la persona que, habiendo sufrido un accidente menor, muere sin motivo aparente. Ese accidente fue un punto de salto. Incidentes como éste pueden ocurrir porque hemos venido a completar un montón de karma de otra vida, pero cuando nos encontramos frente a frente con la situación no sabemos cómo abordarla y optamos por abandonar, optamos por dar el salto y dejarnos la tarta.

Sin embargo, existen otras muchas maneras de dejar de lado los retos en la vida. Antes de encarnar en esta existencia, quizás decidimos que íbamos a completar el karma de una vida pasada; quizás establecimos incluso un contrato anímico con otra alma con la que tuvimos una relación compleja en una vida anterior, y decidimos completar ese karma soportando nuevamente a esa persona como nuestra pareja. Pero, cuando la relación se complicó de nuevo en esta vida, abandonamos a nuestra pareja y dejamos el lío atrás. Es otra manera de abandonar. Puede ser un divorcio traumático, o puede tratarse de una dolorosa ruptura con un socio en los negocios que termine en una demanda judicial. En estas situaciones el karma queda inconcluso, dado que no hemos perdonado a nuestra pareja o socio. Estamos furiosos y albergamos un fuerte resentimiento, y en vez de completar el karma con esa persona nos creamos un nuevo karma, porque abandonamos la relación con ira, decepción y un drama emocional. Hasta puede que provoquemos un daño físico o económico a la otra persona. No hemos sido capaces de perdonar, al dejarnos llevar por la experiencia humana de las energías densas de la cólera, el miedo, la culpabilidad o el orgullo. Pero lo positivo de esto es que el karma guarda relación con nuestra alma, y eso es algo que podemos aclarar mediante el perdón y el amor incondicional.

Otro ejemplo de salto, de abandono y de creación de nuevo karma se da cuando desistimos en nuestro reto a través de una adicción, como ocurre con el alcohol y las drogas. Quizás no sea un abandono físico, pero no deja de ser un abandono. Quizás sigamos ahí de algún modo, aferrados al cuerpo, y hasta puede parecer que todo funciona; seguimos adelante con nuestro matrimonio, con nuestra relación amistosa o de negocios, cuando lo cierto es que hemos abandonado energéticamente, lo cual no deja de ser un abandono. Nos hacemos adictos, sea a una sustancia, a la ira o a los malos tratos, y ya no estamos presentes, mental o emocionalmente. Nos estamos haciendo daño a nosotras mismas y estamos haciendo daño a los demás, y llegará un momento en que nuestra alma decidirá completar ese karma, aprender y crecer del modo que estaba previsto en un principio.

Éstos no son más que ejemplos de cómo nos generamos karma en la vida, pero para poder completar nuestro relato tenemos que terminarnos la tarta. Con ello, creceremos espiritualmente. Conviene que seas consciente de cuál es tu karma a fin de poder completarlo, pues éste es uno de los contratos anímicos que nuestro espíritu establece cuando encarnamos. Si no completamos el karma dando y recibiendo amor y perdón en esta vida, tendremos que asumir otras oportunidades para completar el karma en otra vida, en situaciones similares. Así pues, fíjate en los patrones que se repiten en tu vida, e intenta encontrar el karma y completarlo de una vez por todas. Cuando entres en la vibración del amor incondicional, habrás completado el círculo y te habrás liberado de ese karma. Una manera de saber si has conseguido liberarte de un karma es tomando nota de lo que piensas y lo que sientes con respecto a esa persona. Si su presencia pasa sin crear turbulencias en tu cabeza y en tu corazón, eso significará que has terminado tu trabajo con ella. Pregúntate si puedes pensar en esa persona y puedes desprenderte de sus palabras o sus actos. Si la respuesta es que sí, ya no volverán a surgir perturbaciones emocionales o historias traumáticas cuando pienses en ella.

Evidentemente, eso no significa que tengas que mantener la relación con esa persona, ni tampoco que tengas que soportar una relación marcada por los malos tratos, o que permitas que tus hijos se vean sometidos a abusos por parte de algún otro miembro de la familia. Pero puedes perdonar a los demás desde el nivel del alma, e incluso desde el nivel de la personalidad, si es oportuno. Puedes decirte, «Veo la verdad de quién eres como alma divina, al igual que yo, y perdono al alma que eres». Te aconsejo encarecidamente que recurras al perdón, tanto para ti mismo como para cualquier otra persona, utilizando la Oración del Perdón que me dieron los Seres de Luz y que te ofrezco a continuación.

El perdón es la forma más rápida y sencilla de aclarar el karma, tanto en el tiempo como en el espacio. Nos permite sanar el pasado, sanar cualquier cosa que hayamos podido hacer a otra persona o a nosotras mismas con anterioridad a este momento, tanto en nuestra infancia como en cualquier otra vida pasada. La Oración del Perdón es una herramienta sutil pero sumamente poderosa que te ayudará a liberarte de toda la negatividad acumulada dentro y fuera de ti. Si trabajas con esta oración ininterrumpidamente durante 33 días, sanarás el dolor y la separación que hayas podido experimentar en cualquier relación negativa o dolorosa con la Divinidad/Espíritu/Fuente o con otras personas o situaciones de la vida.

Cada vez que pronuncies esta oración, respira profundamente y con lentitud, y sumérgete en tu corazón.

La Oración del Perdón

Divinidad, Espíritu, Fuente, llévame, por favor, hasta un estado de perdón ante cualquier persona o cualquier cosa que haya podido hacerme daño, consciente o inconscientemente, desde el comienzo del tiempo hasta el momento presente. Ahora lo perdono todo y me libero de las energías del pasado.

Divinidad, Espíritu, Fuente, llévame, por favor, hasta un estado de perdón hacia mí mismo/a por cualquier daño que haya podido causar a los demás, consciente o inconscientemente, desde el comienzo del tiempo hasta el momento presente. Ahora me perdono a mí mismo/a y me libero de las energías del pasado.

Divinidad, Espíritu, Fuente, llévame, por favor, hasta un estado de perdón hacía mí mismo/a por cualquier daño que me haya causado a mí mismo/a, consciente o inconscientemente, desde el comienzo del tiempo hasta el momento presente. Ahora me perdono a mí mismo/a y me libero de las energías del pasado.

Invoco el poder de la Gracia y el perdón para transformar mi cuerpo, mente y corazón, mientras regreso a mi divina inocencia. Así sea.

Sigue respirando lenta y profundamente, y percibe, visualiza y siente cómo la vieja energía kármica se purifica. Repite la oración dos veces más, o bien hasta que sientas que el proceso ha concluido.

Una de las cosas más valiosas de esta oración, así como del resto de oraciones curativas de los Registros Akásicos, es que no necesitas tener en cuenta los aspectos concretos. No necesitas nombrar a esta o aquella persona, ni tienes que recordar o revivir la situación. Simplemente, puedes aclarar el karma de una vida pasada sin necesidad de recordar esa vida.

No son pocas las veces que he contado que, en otro tiempo, yo tenía la sensación de ser una mala madre, y todo ello porque tuve tres hijos en un período de tiempo muy corto. Cuando mi primer hijo tenía un año y medio tuve gemelas, de modo que me encontré de pronto con tres bebés de menos de dos años, y los tres con pañales. Los primeros ocho años fueron muy difíciles para mí, y me asaltaba frecuentemente la sensación de ser una madre horrible, a pesar del hecho de que me pasaba todo el día en casa con ellos. Yo siempre había intentado ser la mejor de las madres, pero no podía evitar tener la sensación de que no estaba haciendo bien mi trabajo. Mis amigas me decían, «No lo entiendo, ¿por qué piensas que eres una mala madre? ¿Cómo se te ocurre pensar eso? Lo haces todo por tus hijos y con tus hijos». No sabía de dónde me venían esos sentimientos, hasta que comencé a trabajarlos en mis Registros Akásicos. Los Seres de Luz vienen a nuestro encuentro en el punto en el que nos encontramos, de modo que tenemos que formular una pregunta para poder recibir una respuesta. Concretamente, yo les pregunté, «¿Por qué me siento como si fuera una mala madre? ¿Es por algo que yo haya hecho? ¿Es un antiguo karma o algo que esté intentando completar como madre?». En cuanto hice esas preguntas, recibí una imagen muy clara de una vida pasada en la cual uno de mis hijos había nacido enfermo y con malformaciones. En el mundo, en aquella época, no podíamos tener hijos discapacitados. Vivíamos en una aldea, hace miles de años, en una época en la que los progenitores abandonaban a aquellos niños en medio del bosque o en las montañas, para que murieran de frío o para que los devoraran los animales salvajes. Y eso precisamente es lo que ocurrió con mi bebé en aquella vida pasada. Me di cuenta de que el dolor y la culpabilidad ni siquiera tenían su origen en esta vida. Y, en cuanto comprendí su origen, una gran parte de la carga desapareció. Luego, utilicé la Oración del Perdón durante 60 días para asegurarme de que me perdonaba por completo a mí misma por haber permitido que mi bebé muriera de aquella forma en aquella vida anterior.

Con frecuencia nos encontraremos con que distintas vidas se enlazan entre sí y nos provocan un profundo pesar. En mi caso, había otras vidas en las que mis hijos habían muerto de hambre o a causa de alguna enfermedad. Antiguamente, la gente solía tener muchos hijos porque sólo la mitad de ellos conseguía superar los inviernos de su infancia, el hambre, la gripe o cualquier otra enfermedad. Yo viví muchas vidas así, y estoy segura de que tú también las habrás vivido. Ésa es la verdad de quiénes somos y quiénes hemos sido, porque somos seres infinitos que llevamos dando vueltas por la existencia desde hace centenares de vidas. Lo hemos vivido todo, y no sólo una vez. No somos mala gente por el hecho de que nuestro hijo o hija muriera accidentalmente; ésa es una experiencia que nuestra alma, y el alma de nuestro hijo o hija, eligió por múltiples motivos. En ocasiones, el alma decide venir a vivir una vida muy corta, y con frecuencia se trata de almas nuevas que están aprendiendo a navegar por la existencia en un cuerpo físico. Esa alma quizás decida morir en el parto, o vivir sólo un día o dos. Otro ejemplo es cuando el alma decide tener una encarnación con algún tipo de discapacidad, de tal manera que el alma pueda descubrir cómo se navega por la existencia en una forma física con la ayuda de cuidadores durante toda la vida.

La Oración del Perdón es una plegaria profunda, que te permitirá aclarar y liberarte del karma y de los traumas en todos los asuntos relacionados con el corazón. Esta oración aclara el karma a través del tiempo y el espacio, y nos permite sanar cualquier cosa acaecida con anterioridad a este momento. Por ejemplo, si tuviste una discusión con alguien y luego te sentiste mal por ello, puedes perdonarte a ti misma y a la otra persona por cualquier karma que haya podido generarse con la discusión, tanto si ocurrió ayer como si tuvo lugar hace 20 años. El perdón es siempre eficaz, y si no perdonamos la energía puede quedarse estancada, impidiéndonos avanzar en la vida al ritmo deseado.

❧ El sentimiento de bloqueo: La Oración ❧ para la Purificación Física

La siguiente oración akásica te permitirá liberarte de las energías que te afectan en el plano físico. Se trata de una magnífica oración que puedes utilizar cuando te sientas bloqueado sin motivo aparente y no consigues purificar la energía mediante la Oración del Perdón. Al igual que con todas las demás oraciones, puedes utilizar ésta tanto dentro como fuera de los Registros Akásicos. Si estás en el trabajo y te sientes un tanto atascada, o un poco triste, recitar la Oración del Perdón y la Oración de Purificación Física puede resultarte de gran ayuda. Y cuando empieces a acceder a tus Registros Akásicos personales, puedes utilizar la Oración del Perdón y la Oración de Purificación Física para asegurarte de que te has liberado de cualquier energía negativa. Pero presta especial atención a lo que sientes antes de recitar las oraciones, pues así te darás cuenta de cómo te afectan con el transcurso del tiempo.

La Oración para la Purificación Física

—

Divinos Madre, Padre, Diosa, Dios y Seres de Luz de mis Registros Akásicos, por favor, sostenedme y sustentadme mientras me abro para recibir la sanación y la purificación en los niveles multidimensionales. Eliminad, por favor, cualquier bloqueo que ya no me sirva, de cualquier tiempo, lugar o dimensión. Por favor, purificad mi cuerpo físico y mi cuerpo etérico para que pueda albergar más luz. Por favor, desencadenad, liberad, purificad y abrid mi corazón multidimensional en todos los planos y dimensiones. Sumergidme, por favor, en un estado de perdón a través del tiempo y el espacio, aclarando todo el karma que pueda estar relacionado con esto. Os doy las gracias por vuestro divino amor, sabiduría y gracia. Amén.

❧ Establecer límites: La Oración para ❧ Liberarse de las Energías Ajenas

Esta oración es muy útil cuando sientes que tu espacio ha sido invadido por energías de otra persona. Por ejemplo, piensa en esas ocasiones en que de repente te sobreviene un dolor de cabeza, un ataque de sinusitis o un dolor de espalda. Si esto te ocurre después de haber mantenido una conversación con alguien, es muy probable que el motivo sea que habéis entremezclado vuestras energías y que eso te esté afectando adversamente. En modo alguno estamos enjuiciando a la otra persona ni estamos evaluando su energía, pero lo cierto es que somos más clarisintientes de lo que nos imaginamos, y muchas veces intentamos ayudar a los demás quedándonos con una parte de su dolor físico o emocional.

Cuanto más nítido sea tu campo de energía, más fácil será que sientas a los demás en tu espacio vital. De modo que la próxima vez que sientas algún malestar después de haber estado relacionándote con otras personas, sé consciente de que lo más probable es que hayas recogido parte de sus energías. Así pues, lleva contigo la oración y utilízala cuantas veces haga falta a lo largo del día. Recuerda que, cuanto más trabajes en tus Registros Akásicos, más clara se hará tu energía, lo cual te permitirá detectar en qué momento alguien se ha introducido en tu campo energético.

La Oración para Liberarse de las Energías Ajenas que se te ofrece a continuación la puedes utilizar cada vez que tengas la sensación de que la energía de otra persona se ha quedado estancada en tu campo energético. Puede ser una sensación física, emocional o mental, o las tres cosas a la vez, pues dependerá de lo que haya sucedido con la otra persona. Por ejemplo, puede que absorbas la energía de la otra persona de manera empática, porque los seres humanos somos empáticos por naturaleza. También puede ocurrir que lo hagas de la manera más inocente, esforzándote por comprender a esa persona, o intentando ayudarla en su dolor o sus problemas. La gente entra en nuestro campo de energía para comprendernos, para recibir energía física o, en ocasiones, simplemente para comunicarse con nosotros. Y, con frecuencia, este acto inconsciente nos perjudica porque, inadvertidamente, permitimos que la otra persona llene nuestro campo energético. No es nada fácil encontrar el propio sendero anímico sin que las energías de cualquier otra persona interfieran con nuestro proceso de crecimiento espiritual. Por lo tanto, para liberarte de la energía de otras personas que haya podido quedar en tu campo, puedes utilizar esta oración varias veces a lo largo del día. Inténtalo al menos dos o tres veces al día.

Oración para Liberarse de las Energías Ajenas

Madre, Padre, Diosa, Dios, ayúdame, por favor, a purificar y liberarme de todas las energías externas que se hallan en mi cuerpo, mi aura y mi campo de energía. Por favor, devuélveselas a la persona o personas de las cuales proceden, o bien envíalas a la Fuente Divina para que se reciclen por el bien de todos. Me lleno con la energía más pura y con la más elevada vibración a las que puedo acceder ahora.

Cómo desembarazarse de almas desencarnadas: La Oración para Liberarse de Entidades y Patrones de Energía

Muchas personas somos conscientes de que hay muchas almas desencarnadas –fantasmas– en la Tierra en estos momentos, almas que desean volver a la Luz. En muchos casos, se trata de personas que fallecieron de repente, que no estaban preparadas para partir y que quizás sufrieron un terrible accidente. Y, aunque están muertas, no se desvinculan de su cuerpo físico, de modo que siguen dando vueltas por el plano terrestre, sin darse cuenta de que han fallecido, pensando que siguen con vida. Son personas que han perdido el sendero y se encuentran aquí atrapadas, a veces durante bastante tiempo. En muchos casos se trata de personas que están intentando completar algún karma relacionado con su muerte y, dado que esto ya no es posible, conviene ayudarlas a volver a la Luz para que se manifieste plenamente su alma. ¿Te acuerdas del ejemplo de la tarta que utilicé anteriormente? Pues bien, las almas desencarnadas son otro ejemplo más de personas que abandonan el plano terrestre sin terminarse la tarta.

Existen otros muchos tipos de entidades y energías que nos visitan en este plano, incluso entidades de origen extraterrestre, de otras dimensiones. Para ellas resulta más fácil aprovecharse de nuestro campo de energía que tener que encarnar e iniciar un ciclo completo de vida aquí en la Tierra. Otras entidades quizás procedan de la esfera feérica o elemental –del mundo de las hadas–, y andan buscando información sobre la humanidad, normalmente para ayudarnos, o bien con el fin de aprender y crecer en su propio sendero anímico. Independientemente del nombre que les demos, o de qué plano, planeta o dimensión procedan, se trata siempre de emanaciones de la Fuente, y sus almas también están recorriendo el sendero del espíritu. No hacen otra cosa que lo que hace cualquier alma, experimentar y aprender cosas nuevas; pues, en tanto en cuanto almas, todos estamos creciendo a través del espacio y el tiempo infinitos.

Raro es el caso en que alguna alma es confinada en un espacio apartado, una especie de cárcel custodiada por la policía cósmica. Esto suele suceder cuando una persona ha reaccionado con extrema violencia contra los demás, de ahí que haya que retenerla hasta que su alma sintonice de nuevo con las leyes universales de la Luz. Almas como las de Hitler o Jeffrey Dahmer[4] se regodearon en la oscuridad por distintos motivos, de tal manera que sus almas han sido recluidas en

---

4. Conocido como el Caníbal de Milwaukee, fue un asesino en serie que perpetró actos de necrofilia y canibalismo con sus víctimas. Fue ejecutado en la cárcel en 1994. *(N. del T.)*.

un espacio en el cual no puedan causar daños a los demás. En ocasiones, entramos en contacto con entidades oscuras que quieren tomar el control sobre nosotras o sobre nuestra situación en la vida, y existen muchas y diferentes explicaciones acerca de lo que es en realidad un patrón de energía o entidad oscura, pero lo cierto es que estas energías vienen hasta nosotros porque tenemos un contrato con ellas cuyo origen se remonta a una vida pasada. Quizás viviste una vida en el siglo XVII en la cual viniste a ayudar a la Tierra, pero había tan poca luz disponible en el planeta en aquella época que tal vez hiciste un contrato con las fuerzas oscuras para potenciar tu energía y poder así conectar con los poderes mágicos. Quizás prometiste a esta entidad que la ayudarías siempre, y ahora está ahí de vuelta, reclamando su deuda a fin de obtener así algún poder. Sin embargo, tú puedes dar por concluidos estos antiguos contratos en tus Registros Akásicos.

También existen patrones de energías aleatorias que pueden parecer fantasmas, pero que son en realidad viejos patrones de energía residuales que han quedado en el plano terrestre; es decir, fragmentos energéticos que han quedado atrás pertenecientes a almas que ya han partido. Pues bien, puedes enviar esas energías residuales de nuevo a la luz utilizando la siguiente oración. También podemos encontrarnos con patrones de energía que hemos creado nosotros mismos con el tiempo. ¿Has tenido alguna vez la sensación de estar atrapado en una rutina? Bien, pues eso puede ser un patrón de energía, del que te puedes desprender utilizando la siguiente oración a diario.

También hay casos en que una energía oscura y espeluznante se aferra a la casa en la que vives o a las tierras que rodean la casa. En estas situaciones también puedes utilizar la Oración para Liberarse de Entidades y Patrones de Energía, tanto si es para ti como si es para alguna otra persona que busque ayuda. Asegúrate de mantener la intención firme de que cualquier influencia, entidad, ser o patrón de energía externo, que se encuentre en un espacio, campo energético o casa que no le corresponde, se vaya ahora y de una vez por todas, para siempre. Es decir, debes pronunciar esta oración con esa intención específica en tu mente. No olvides que la intención es muy importante en toda purificación, tanto si la empleas contigo misma como si la empleas con otra persona.

Oración para Liberarse de Entidades y Patrones de Energía
—

Invoco al Arcángel Miguel y a sus legiones, junto a los Seres de Luz Akásicos y la Fuente Divina. Por favor, envolvedme en vuestra luz y amor, y protegedme y mantenedme a salvo mientras ordeno la liberación de toda energía, interferencia, pensamiento, sentimiento, patrón, programa e impresión a través de todo espacio y tiempo, en todas las dimensiones y niveles, y en todos los lugares y planos, que no estén en sintonía con mi más elevado plan akásico, para que abandonen mi cuerpo, mente y campo energético ahora. Seres de Luz, por favor, llevaos y reciclad esta energía por el bien de todos.

Tras liberarte de cualquier vieja energía, conviene que te llenes con tu energía más elevada, porque de este modo podemos conservar mejor la pureza de nuestro campo energético, y podemos mantenernos mejor en el instante presente. La Oración para Rellenarse de Energía Akásica que te ofrezco a continuación es una magnífica herramienta para este cometido:

Por favor, rellenadme con la información más elevada de los Registros Akásicos, y con la energía e información más elevadas del plano físico que pueda albergar. Gracias por vuestra sanación hoy.

ࣟ Sintonizar con la Divinidad: ࣟ
La Oración para Sintonizar con tu Alma

Se puede utilizar a diario esta oración para recordar que somos seres divinos de luz y que toda la abundancia del universo está a nuestra disposición. No olvides que puedes utilizar todas estas oraciones a diario, tanto dentro como fuera de los Registros Akásicos. Simplemente, memorízalas y utilízalas con frecuencia, porque son diferentes de las oraciones propias de los Registros Akásicos.

Oración para Sintonizar con tu Alma

Espíritu, Fuente, Universo, por favor, mostradme cómo se siente el yo más elevado, brillante, expansivo y armónico que pueda alcanzar en el día de hoy. Por favor, abridme el corazón para que conozca la verdad de mi divinidad y permitidme que reciba todo lo bueno que hay dentro y fuera. Por favor, dirigidme en mis próximos pasos para que pueda recibir la abundancia y la gracia en todos los aspectos.

Piensa en alguien con quien no te sientas a gusto, que te resulte incómodo en algún aspecto. No olvides que estás aprendiendo y que tienes mucho trabajo por delante, de modo que te sugiero que te tomes con calma el tema y pienses bien las preguntas que vas a formular.

Aún es demasiado pronto para que hagas preguntas importantes como, «¿Debería cortar con esta relación?» o «¿Conviene que deje mi puesto de trabajo?». Al principio, el ego o personalidad puede interferir y responder «¡Sí!», sin darte cuenta de que la respuesta no te llega de los Seres de Luz, sino de tu propio ego.

Una pregunta más adecuada podría ser, «¿De qué modo puedo estar más presente en esta relación?» o «¿Qué conviene que sepa para tener más paz y armonía en mi trabajo?». Recuerda que no podemos cambiar a los demás y que debes conducirte con plena integridad, y no formular preguntas concretas acerca de otras personas. Puedes preguntar, «¿De qué modo puedo mejorar y suavizar la relación con mi jefe?».

De momento, comencemos con una relación secundaria, tal como un amigo, o un compañero o compañera de trabajo. ¿Existe algún patrón que se repita con esta persona? Un ejemplo sería que cada vez que trabajáis juntos en algún proyecto, esta persona toma el control, o bien te deja a ti la mayor parte del trabajo, y tú sientes la necesidad de que se produzca un cambio en la situación para continuar en ese empleo. Puedes formular distintas preguntas sobre cómo generar una relación más armónica, como:

- ❖ ¿Hay algo que no estoy queriendo ver en esta dinámica?
- ❖ ¿Se está interponiendo mi ego en todo este asunto?
- ❖ ¿Tengo algún bloqueo que me impida profundizar en mi corazón?
- ❖ ¿Me niego a aceptar algo que conviene que sepa acerca de esta situación?
- ❖ ¿Es adecuada la Oración del Perdón en este escenario?

Gran parte de los patrones de energía que utilizamos los seres humanos los desarrollamos durante nuestra infancia, y normalmente no somos conscientes de su existencia porque nos fueron programados a través de nuestra familia; es decir, no los desarrollamos por nosotros mismos. Estos patrones inconscientes pueden alcanzar áreas sensibles en nuestro interior y desencadenar una respuesta de ira o de temor por nuestra parte. Si te das cuenta de que te está pasando algo así, aclara las energías relativas a este asunto con las herramientas que te he dado, de una en una, para formular tus preguntas en los Registros Akásicos. He aquí unas cuantas preguntas fáciles y rápidas:

- ❖ ¿Hay energías de alguna otra persona en mi campo?
- ❖ ¿Soy yo quien consiente esto?
- ❖ ¿Será efectiva en este caso la Oración para Liberarse de las Energías Ajenas?

Para este ejercicio, piensa en alguna situación de tu vida que no sea excesivamente dolorosa o molesta para ti, una situación que te suponga un conflicto o problema menor. Te recomiendo una vez más que esperes a tener más experiencia en los Registros Akásicos antes de trabajar con relaciones importantes de tu vida, como el matrimonio o tu relación con padres o hermanos. Siempre te resultará más fácil practicar con otras relaciones del pasado que quizás aún te duelen o te incomodan cuando piensas en ellas. Puede ser la relación que mantuviste con una antigua amiga a la que ya no has vuelto a ver, o con un antiguo novio o novia. Elige una relación que ya no mantengas, pero que sientas que no ha quedado del todo zanjada, y haz preguntas acerca de ella que te permitan pasar página de una vez por todas.

He aquí una lista de preguntas con las que podrías comenzar:

❖ ¿Tenía algún karma que completar con esa persona?
❖ Si lo tenía, ¿ese karma está ya zanjado, o debo saber algo más acerca de ello?
❖ ¿Existía algún tipo de contrato anímico entre nosotros?
❖ ¿Ha quedado concluido ese contrato ya?
❖ ¿Qué más debería saber acerca de ello?
❖ ¿Qué pregunta puedo formular que me permita recibir la información que estoy buscando?
❖ ¿Necesito más información, o ya dispongo de toda la información posible? ¿He terminado?

Hay ocasiones en que no se obtiene demasiada información, de modo que podemos preguntar:

- ❖ ¿De qué recursos dispongo para cerrar el círculo con esta relación del pasado?
- ❖ ¿Qué puedo hacer para sentirme mejor a este respecto? ¿Cómo puedo liberarme de esos viejos sentimientos de culpa, a fin de que esos recuerdos dejen de incomodarme?

Todas estas preguntas pueden ser válidas y adecuadas, pero recuerda que, cuanto más específicas sean, más fácil será que los Seres de Luz no sólo las respondan, sino que nos ofrezcan además información muy específica. Nunca insistiré demasiado en lo importante que es aprender el arte de formular preguntas que nos ofrezcan las respuestas más concretas y más orientadas a la acción.

☙ Cómo traer la gracia al plano físico: ❧ El Punto de Liberación de Energía

Te he dado algunas oraciones y herramientas curativas potentes y profundas que puedes utilizar de inmediato y que puedes compartir con cualquier otra persona que precise de algún tipo de sanación. Pero ahora te voy a ofrecer algo que afecta más en el aspecto físico: una sencilla herramienta curativa de rápida aplicación denominada el *Punto de Liberación de Energía,* conocido también como el punto de la gracia, dado que está más cerca de tu corazón que tus propias manos. Este punto se utiliza junto con la intención para purificarse y liberarse de energías que no nos benefician.

El Punto de Liberación de Energía utiliza el flujo de energía natural del cuerpo humano, guarda relación con el sistema de meridianos de la acupuntura y nos conecta conscientemente con el corazón.

Lo utilizamos como un punto de anclaje físico, así como para dirigir la energía a través de la intención y de un suave toque. Con ello, logramos el apoyo necesario para atraer la gracia a nuestra vida. El punto principal se encuentra en el cuadrante inferior izquierdo de la palma de la mano derecha (*véase* la imagen en la página siguiente), que está conectado con el centro cardíaco.

El Punto de Liberación de Energía se halla en el tejido blando de la mano, de modo que convendrá que operes suavemente sobre él. No tienes más que tocar suavemente ese punto, no hace falta que aprietes con fuerza, y puedes utilizar tanto la mano derecha como la mano izquierda. Sin embargo, te sugiero que preguntes en los Registros Akásicos qué mano puede ser más eficaz en tu caso para liberar los patrones de energía bloqueados.

Conectando profundamente con el corazón a través de la intención y de la Gracia Divina, podemos aclarar el karma y liberarnos de trastornos, patrones, falsas creencias y juicios pasados que nos limitan. Si presionas el Punto de Liberación de Energía al tiempo que pronuncias la Oración del Perdón generas un potente flujo de energía para liberarte del karma. También puedes abrir los Registros Akásicos mientras presionas este punto en la mano para conectar con el corazón, y luego formular tus preguntas para, de este modo, obtener un mayor flujo de información y con mucha más claridad.

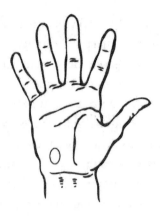

El Punto de Liberación de Energía. Dibujo © Bruno
Rendon. Utilizado con su permiso.

Este punto te conecta directamente con el centro cardíaco, fortaleciendo tu conexión con los Registros Akásicos al
tiempo que te abres a la Gracia Divina. Por otra parte, también libera la energía constreñida por todo tu organismo,
y favorece la concentración y la intuición de tal modo que
la información te llega con más claridad, información que se
transmitirá de inmediato a nivel celular en cuanto la integres
en tu cuerpo.

El fundamento del Punto de Liberación de Energía se
halla en el amor incondicional, que se sustenta a su vez
en la vibración divina de los Registros Akásicos. De hecho, conectando consciente y físicamente con el corazón
a través de este punto del meridiano del corazón podemos
desarrollar todo nuestro poder. Por ejemplo, podemos tomar la decisión consciente de liberarnos de emociones y
traumas dolorosos e indeseables, en lugar de consentir que

los patrones reactivos gobiernen nuestra vida; pues, cuando nuestra intención se basa en nuestros propios deseos, nos responsabilizamos por la información recibida y es entonces cuando la sanación tiene lugar.

Anteriormente comparé el karma con una tarta a medio consumir, pero otra manera de entender el karma es como un círculo que no se ha cerrado, como si trazaras una línea para dibujar un círculo, pero no lo llegaras a completar. Si no completamos un ciclo, generamos karma y dejamos algo por concluir en nuestra vida, pues es como si no termináramos de trazar el círculo. El karma nos exige que concluyamos aquello que vinimos a hacer para cerrar el círculo, la historia, y siempre tiene que ver con nuestro crecimiento anímico. Puede ser algo que deseábamos aprender o conseguir pero, normalmente, la mejor manera de completar un karma pasa por el amor y el perdón. Éste es el motivo por el cual el perdón funciona tan bien para aclarar el karma, al dejarnos en un ámbito de amor puro e incondicional; pues, a medida que profundizamos en el perdón, sumergimos nuestra alma en el amor incondicional divino. Pues bien, al activar y acceder al Punto de Liberación de Energía en la palma de la mano lo que hacemos es algo muy parecido, dado que abrimos el corazón y pedimos a través de la intención el perdón para completar cualquier cosa que nos hayamos dejado a mitad de hacer.

Considera las cosas de este modo: el karma es aquello por lo cual reencarnamos, con el fin de cerrar uno o más círculos que comenzamos a trazar en otras vidas pasadas. Quizás en esta vida te has encontrado con una persona con la cual tenías un karma, un círculo incompleto, y quizás esa persona está atascada en un antiguo patrón de comportamientos iracundos y agresivos, de tal modo que, si reaccionas ante ella con el mismo tipo de comportamientos, no vais a completar el karma. Simplemente, os estaréis dejando llevar por las mismas tendencias de antaño. Si realmente te marcas la intención de aclarar ese karma y liberarte de esos patrones, te darás cuenta de que esa persona iracunda es un alma divina que se ha disfrazado con unos patrones agresivos y coléricos. Y así, tu intención de culminar el karma llevará tu energía hasta el perdón y la comprensión, de tal modo que podrás distanciarte de esas emociones negativas y entrar en el ámbito de la gracia, el cariño y la sabiduría. Y así, utilizando el Punto de Liberación de Energía, en conjunción con el perdón y el amor incondicional, podrás comprender el círculo, completarlo y liberarte de él. Con todo ello cerrarás el círculo de las viejas energías, te sumergirás en el amor y completarás el karma, disipando así el problema. Lo mejor de todo esto es que o bien establecerás una firme amistad con esa persona o bien no te verás obligada a verla de nuevo; sea como sea, el resultado supondrá la culminación del círculo.

Cuando te encuentras con una persona especialmente desagradable, puedes decidir no volver a verla de nuevo o puedes trabajar sobre ese viejo patrón energético del que ni tú ni esa persona erais conscientes hasta ahora. Si podéis trabajar juntas el problema, reconociéndolo, comprendiéndolo y aprendiendo algo sobre todo ello, entonces ambas, o al menos una de vosotras, podréis superar el bloqueo de esa energía. Ese viejo patrón que os mantenía vinculadas de algún modo puede convertirse así en otro tipo de relación, y no tardarás mucho en descubrir que todo formaba parte del orden divino, dentro de ese proceso de crecimiento y expansión que supone el viaje de la vida. El Punto de Liberación de Energía nos permite completar el karma a fin de que podamos avanzar y alcanzar la paz, el amor y la armonía en este mundo a través de nuestro propio trabajo de transformación.

Como podrás suponer a estas alturas, puedes utilizar este potente punto de gracia tanto dentro como fuera de los Registros Akásicos, y aquí te ofrecemos una muestra de intenciones que puedes utilizar: «Elevo y llevo a su culminación todo aquello que ya no me sirve», o bien, «Por favor, ayudadme a elevar y llevar a su culminación todo aquello que ya no me sirve». Otra puede ser, «Elevo y llevo a su culminación esta emoción». El Punto de Liberación de Energía se puede utilizar también junto con oraciones curativas para purificar muchos tipos de energía. Ante cualquier cosa que te ocurra, puedes presionar el punto de gracia y preguntar qué oraciones utilizar para aclarar y liberarte de cualquier bloqueo. Tus Seres de Luz quizás te digan, «Presiona el Punto de Liberación de Energía y pronuncia la Oración del Perdón». Estas dos herramientas te ayudarán a purificar el karma, mientras liberas, elevas y llevas a su culminación esas viejas energías.

Si se te ha dado una información muy importante, o bien has tenido uno de esos momentos de lucidez en los que todo queda claro, también puedes presionar el punto de la gracia junto con esta intención: «Deseo integrar la sabiduría que subyace a toda esta información. Deseo integrar este conocimiento y esta nueva forma de ver las cosas». También puedes utilizar la misma intención para integrar información aunque no te encuentres en los Registros. Pongamos que estás en una playa contemplando una hermosa puesta de sol y que te sientes rebosante de amor, que te sobrecoges ante el espectáculo que te ofrece el mundo y tu corazón se abre de manera espontánea. En ese momento puedes utilizar el punto de gracia para anclar ese sentimiento en tu cuerpo a nivel celular. De este modo, no sólo habrás anclado ese maravilloso sentimiento, sino que podrás recordarlo en cualquier otro momento simplemente presionando el punto de la gracia, pues ese sentimiento ya no te abandonará una vez lo introduzcas en tu cuerpo. Lo único que tendrás que hacer es presionar el punto de gracia con la intención de revivir ese sentimiento de dicha, y traerás de vuelta esas sensaciones a tu cuerpo a través del tacto. A mí, por ejemplo, me encanta utilizar el punto de gracia cuando veo a un bebé sonriendo. Todos los bebés me tocan el corazón y me hacen reír, y ése es un sentimiento maravilloso que quiero revivir. No lo olvides, puedes elegir los sentimientos que quieres experimentar, aquellos sentimientos que te aporten alegría y dicha.

Cómo purificar las emociones con las Palabras de Activación Emocional

Lo que viene a continuación es un vocabulario emocional al que puedes recurrir en tus Registros Akásicos toda vez que te encuentres con patrones y desencadenantes que bloquean tus emociones. Para ello, antes de abrir tus Registros, pregúntate qué sientes ante determinado asunto, utilizando las palabras de la lista que se ofrece en la página siguiente para activar tus sentimientos. Después, evalúa cada palabra según la intensidad de las emociones que evoque en ti, en una escala de 0 a 10. A continuación, abre los Registros Akásicos y pide a tus Maestros que te den información sobre esas emociones. Continúa haciendo preguntas para aclarar todos los detalles y reducir la intensidad de la palabra activadora. En tu diario deberás tomar nota de la valoración que le diste a esa emoción, lo que te dijeron los Maestros y la valoración final de la emoción tras haber integrado la información de éstos. Si es posible, sigue trabajando con el problema hasta que alcances ese momento de lucidez en el que todo queda meridianamente claro. Tu objetivo consiste en desconectar la respuesta emocional y reducir al máximo posible su intensidad. Para ello, probablemente necesitarás más de una sesión en los Registros. El uso de esta escala emocional te facilitará la concentración para acceder a tus Registros, y te aportará más claridad en el momento de formular tus preguntas a los Seres de Luz.

Pregunta a tus Seres de Luz con qué palabra puedes comenzar a trabajar para eliminar los bloqueos que puedas tener. Diles que te sugieran una palabra de la lista. Si te dicen que tu palabra es *desánimo,* o *inseguridad,* o *depresión,* deberás trabajar sólo con esa palabra durante el proceso.

En este proceso puedes trabajar con la mayoría de las palabras para aclarar o reducir su influjo en aquellos momentos en los que esa emoción suele activarse. Trabaja con la palabra hasta que reduzcas su intensidad a un valor de 1, 2 o 3. En la mayoría de los casos, estas emociones suelen llevar consigo poderosas cargas y energías bloqueadas, de manera que este ejercicio te ayudará a sacar al exterior aquellas energías ocultas que pueden estar impidiéndote el progreso espiritual sin que seas consciente de ello. Estas respuestas emocionales suelen estar al acecho, ocultas en nuestro interior, hasta que determinados estímulos o circunstancias las desencadenan, de modo que el mero hecho de trabajar sobre ellas cuando te encuentras en una situación emocional estable te permitirá desactivar de una forma armónica y comprensible una posible situación de inestabilidad futura.

He aquí algunas palabras que deberás evaluar por su intensidad emocional entre el 1 y el 10 (siendo el 1 la valoración más baja):

- ❖ Impaciencia
- ❖ Agobio
- ❖ Decepción
- ❖ Preocupación
- ❖ Vergüenza
- ❖ Ira
- ❖ Venganza
- ❖ Odio
- ❖ Furia
- ❖ Envidia
- ❖ Juicio
- ❖ Inseguridad
- ❖ Culpa
- ❖ Baja autoestima
- ❖ Miedo
- ❖ Pena
- ❖ Impotencia
- ❖ Desánimo
- ❖ Depresión
- ❖ Frustración
- ❖ Irritación
- ❖ Indefensión
- ❖ Desesperación
- ❖ Lástima

Al principio puede suceder que no seas consciente de cuándo una palabra activa en ti una emoción; pero, a medida que ganes experiencia, los Seres de Luz te guiarán hasta tus bloqueos emocionales. Conforme vayas profundizando en tus

Registros, comienza a trabajar con este ejercicio dos o tres veces por semana. Nunca insistiré suficiente en lo importante que es que abras tus Registros de forma sistemática para poder trabajar en los niveles más profundos pues, al igual que ocurre con cualquier relación, hace falta tiempo para desarrollar la confianza. En este caso, se trata de que aprendas a confiar en tu habilidad para recibir información en los Registros.

Puedes empezar abriendo tus Registros, para luego preguntar a los Seres de Luz qué palabra puedes utilizar para iniciar este trabajo. Después, pregunta a los Seres de Luz, «¿En qué parte de mi cuerpo se alberga esta emoción?». Cuando recibas la respuesta, toma nota de ella, y luego pregunta, «¿Cuándo fue la primera vez que experimenté esta emoción en mi vida?». Pueden darte una edad o una fecha, y puedes pedir que te den más información, que te cuenten cómo sucedió todo. Puedes preguntar, por ejemplo, «¿Qué convendría que supiera acerca de esto, habida cuenta del modo en que me afecta?». También puedes pedir que te sugieran herramientas concretas para abordar esa emoción, sentimiento o energía, pero no te olvides de utilizar el Punto de Liberación de Energía junto con las oraciones purificadoras.

Convendrá también que, desde un principio, establezcas el hábito de rellenarte con la mejor energía y luz akásica posible cuando hayas terminado el proceso de limpieza; esto es algo que conviene que hagas a diario, pues no es bueno que queden vacíos en tu campo de energía después de la liberación. Al universo no le gustan los vacíos, y mejor será que seas tú misma quien rellene tu campo de energía. Para ello, recurre a la oración que se te dio en el Sistema de Oraciones de la Sabiduría Akásica.

❧ Cómo liberarse del dolor físico ❧

Me alegraría mucho saber que eres una de esas personas que no sueles padecer dolencias ni malestar físico; pero, si sufres dolores de espalda, de hombros, o tienes problemas con los pies o las rodillas, los Seres de Luz te pueden ayudar a liberarte de todo ello.

Deberás entrar en tus Registros Akásicos y preguntar, «¿Este dolor procede de mi cuerpo físico o tiene su origen en mi cuerpo emocional?».

Convendrá que conozcas el origen del problema, de modo que pregúntales a los Seres de Luz, «¿Qué me podéis decir acerca de este dolor?». Otra pregunta importante que conviene que hagas es, «¿Este dolor es mío o procede de otra persona?». Son muchos los motivos por los cuales terminamos cargando con el dolor de otra gente, entre otras cosas porque hay personas que son ciertamente invasivas y se convierten, literalmente, en «un dolor de cabeza». Para profundizar en el origen del dolor, pregunta, «¿Este dolor se ha generado en el presente o procede de algún período previo de mi vida? ¿Tuvo su origen hace cinco años? ¿Proviene de mi infancia? ¿O procede más bien de una vida anterior?».

Resulta sorprendente constatar cuántas personas padecen de dolores en los costados, la espalda o los brazos. En estos casos, conviene desembarazarse cuanto antes de las molestias, dado que estas dolencias tienen su origen, con frecuencia, en las heridas de alguna vida pasada. Evidentemente, deberás preguntar, «¿Existe alguna oración con la cual pueda elevar la vibración y liberarme de este dolor?».

❧ Cómo superar el miedo ❧

Uno de los desencadenantes más extendidos entre los seres humanos es el miedo, una emoción que afecta a nuestra vida de un modo furtivo y corrosivo. En términos generales, cada uno es consciente de sus propios miedos, como el miedo al agua, a las agujas, a los dentistas, a conducir el automóvil o a invertir dinero, por citar sólo unos pocos ejemplos; pero tenemos también muchos miedos inconscientes. ¿Te has preguntado alguna vez si tenías miedo a involucrarte seriamente en una relación? ¿Tienes miedo a equivocarte, a no ser alguien especial, a no ser importante para los demás? Estos miedos suelen tener su origen en el inconsciente, y nos sumergen en un patrón repetitivo de situaciones del que no sabemos cómo escapar.

La angustia, la ansiedad, es un trastorno muy extendido entre la población, y normalmente tiene su origen en otras vidas. Como he ido reiterando en los últimos capítulos, venimos a la Tierra a completar ciclos, repitiendo una relación similar a aquella que quedó por culminar en nuestro karma. Por ejemplo, imagina que en una vida anterior (o puede que incluso en más de una vida) tuviste la suerte de compartir parte de tu existencia con una persona muy amada, una persona que posteriormente te abandonó, o bien falleció, lo cual te rompió el corazón. E imagina que, debido a ello, encarnaste en tu actual vida con el corazón roto, situación de la que tenías que partir para que pudieras completar ese ciclo kármico. En consecuencia, una de tus misiones en esta encarnación será la de sanar tu corazón a través del amor incondicional. Las personas sanamos el dolor asumiendo riesgos, aceptando nuevas oportunidades; de ahí que, en lo relativo a una relación amorosa, esto suponga volver a amar de verdad a otra persona. El reto se nos plantea cuando tenemos que salir a la palestra, cuando nos lanzamos a la búsqueda de alguien a quien amar y que nos corresponda. Para muchas personas este riesgo es demasiado grande, de modo que evitan de un modo u otro esta situación de vulnerabilidad y optan por no comprometerse en una relación amorosa.

El Punto de Liberación de Energía y las oraciones curativas son muy útiles para sanar un corazón roto en una vida pasada, para liberarse del karma y de cualquier trauma físico o emocional. De hecho, podemos sanar heridas que nos afectan en esta vida de las que ni siquiera conocemos sus efectos salvo el dolor (que, por otra parte, es bastante obvio). Por ejemplo, en cierta ocasión tuve un cliente que me pidió una consulta en los Registros Akásicos porque tenía miedo al agua, cosa que le impedía nadar o navegar. Los Seres de Luz me mostraron un escenario en el que el cliente se había ahogado en más de una vida pasada. Yo le dije lo que había recibido, y le ayudé a liberarse del miedo. Con esto quiero ilustrar la idea de que, muchas veces, estos miedos no tienen sus raíces en nuestra actual vida. De hecho, sabemos que tenemos ese miedo, pero no sabemos por qué ni recordamos trauma alguno. Los miedos procedentes de vidas pasadas nos siguen afectando, aunque no tengamos ni la más mínima idea del motivo. Y, aun con todo, lo cierto es que todos llevamos en nuestra alma algún dolor emocional procedente de alguna situación traumática en una vida anterior. Venimos a esta existencia con la intención de sanar y purificar todos estos problemas, para que podamos vivir una vida plena y amorosa. De manera que, si tienes miedo al amor, al agua o a cualquier otra cosa, trabaja en tus Registros Akásicos y libérate de esa aversión o de cualquier otra cosa que te afecte.

El temor a llamar la atención es otro remanente de vidas pasadas. Muchas personas tienen miedo a llamar la atención porque las asesinaron en una vida pasada por pronunciarse públicamente, o incluso por ser sanadoras, pues hay que decir que esto es bastante habitual en aquellas personas que se dedican a estas artes, como los sanadores, psíquicos, intuitivos, consultores de los Registros Akásicos, canalizadores, etc. Pero lo bueno es que siempre podremos sanar estas energías remanentes fundiendo las viejas energías con las elevadas frecuencias vibratorias del Campo Akásico, pues el cambio tiene lugar cuando se combinan ambas energías.

Cuando nos sumergimos en las elevadas vibraciones de la energía de los Registros Akásicos, los Seres de Luz nos ofrecen información, sabiduría y claridad. Ellos nos dan los dones de las oraciones sagradas y del punto de la gracia para que elevemos nuestra frecuencia y, así, aclarar el karma de las viejas energías. Los Seres de Luz dicen que uno de los motivos para trabajar con las energías akásicas en esta vida es porque habíamos firmado un contrato colectivo teniendo en cuenta la transcendencia de nuestra época, un contrato según el cual deberíamos trabajar juntos para sanar nuestras propias energías y, de este modo, colaborar en la sanación del mundo.

Cuando sanamos una pena, un trauma o una herida, cuando reequilibramos las energías masculinas y femeninas que han estado desequilibradas durante miles de años, cuando hacemos nuestro propio trabajo personal, estamos contribuyendo a reafirmar el hecho de que en verdad todos y todas somos uno con la Fuente Divina. La sanación que nos procuramos a nosotras mismas se difunde a toda la humanidad como las ondas en un estanque; y, sean cuales sean las energías que utilicemos para sanarnos, con ellas sanamos también a los demás, porque todos somos uno. Estamos sanando la energía del mundo, y estamos transformando las energías y el paradigma del planeta Tierra en estos momentos. Es un inmenso regalo el que le hacemos a la humanidad pues, cuando llevamos a cabo nuestro trabajo curativo, estamos elevando la energía de todo el planeta. Y, con ello, tú colaboras también en este proceso. Gracias por tu aportación.

Tómate unos instantes para integrar todo lo que has aprendido hasta el momento, pues en este capítulo se te ha guiado a través de una gran cantidad de trabajo, un trabajo importante. En primer lugar, has aprendido a abrir tus propios Registros Akásicos, y luego a formular algunas preguntas sencillas, para más tarde profundizar en tus Registros. Si te sientes cansada después del trabajo realizado en este capítulo, date un baño caliente y tómate una taza de té. Si es posible, vete a dormir pronto, porque conviene que cuides bien de tu cuerpo. Cuando trabajas en los Registros, te sumerges en una frecuencia vibratoria muy alta, y al salir de ellos caes de pronto en un campo de energía bastante más denso, lo cual puede hacer que te sientas cansada. Por otra parte, el mero hecho de liberarte de aquellos viejos patrones de energía que albergaste durante años o vidas contribuye también poderosamente a esa sensación de agotamiento que te embarga. Imagina que cargaras con un gran peso durante horas y que, finalmente, pudieras soltarlo. Tendrías una gran sensación de ligereza al haberte quitado un peso de encima. Pues bien, cuando se trabaja en los Registros Akásicos ese peso es tanto literal como figurativo.

Bien, has avanzado bastante en las enseñanzas de los Registros Akásicos hasta este punto, de modo que vamos a hacer una breve revisión de lo que has aprendido hasta el momento:

❖ El Sistema de Oraciones de la Sabiduría Akásica: página 75.
❖ Oraciones Akásicas: Oración 1(S), Oración 2(A) y Oración 3(G): páginas 79, 83 y 85.
❖ Meditación para Recuperar tu Energía: página 110.
❖ Oración del Perdón: página 43.
❖ Oración para la Purificación Física: página 121.
❖ Oración para Liberarse de las Energías Ajenas: página 124.
❖ Oración para Liberarse de Entidades y Patrones de Energía: página 127.
❖ Oración para Sintonizar con tu Alma: página 128.
❖ Punto de Liberación de Energía: página 132.
❖ Cómo purificar las emociones con las Palabras de Activación Emocional: página 138.

No olvides que debes abrir tus Registros con frecuencia, y acuérdate de utilizar el ejercicio de palabras de activación emocional para purificar con mayor rapidez las energías antiguas. Pide ayuda, sanación y orientación en tus Registros para organizar tu jornada diaria o incluso la semana. Y, lo más importante, acuérdate de escribir en tu diario la lista de preguntas que quieras formular cada día, y toma nota a continuación de las respuestas recibidas. Sé positivamente que en cuanto lleves un tiempo operando en los Registros Akásicos llegará a encantarte este trabajo, y que disfrutarás enormemente del amor incondicional al que siempre tendrás acceso en los Registros. Sólo espero que disfrutes de este trabajo tanto como yo.

Capítulo 4

Profundizando
en el Campo Akásico

ཞ❧ Treinta preguntas para profundizar en tus Registros ☙ঞ

En esta sección vamos a trabajar con algunas preguntas que te ayudarán a profundizar en tus Registros Akásicos. Sin embargo, antes de nada, asegúrate de estar arraigado. Tómate unos cuantos minutos para reclinarte en el sillón y conectar con nuestra querida Madre Tierra bajo tus pies. Respira profundamente un par de veces y atrae hacia ti conscientemente toda la energía que te has dejado esparcida por el mundo. Cuando sientas que estás plenamente presente, pide ayuda a los Seres de Luz del Campo Akásico; diles que te ayuden a crear un espacio sagrado a medida que profundizas en tus Registros, y pide también que te ayuden a comprender la sabiduría que te van a transmitir. Abre la mente y el corazón, y luego pide ayuda y orientación. Pide a los Seres de Luz que te ayuden a comprender con claridad y fácilmente la información que te van a ofrecer, y dales las gracias por todo el amor y la sabiduría que te ofrecen día a día.

Bien, ha llegado el momento de utilizar el **Sistema de Oraciones de la Sabiduría Akásica**, de modo que elige una de las tres oraciones del capítulo 2; elige la que más te resuene hoy. Regresemos a tus deseos originales, aquellos que plasmaste por escrito al principio del libro, todo aquello que deseabas al acceder a los Registros Akásicos. Por ejemplo, pongamos que tu intención era poder acceder fácilmente y en profundidad a tus Registros personales, y ser capaz de utilizar tus Registros en todo momento, día a día. Ahora puedes profundizar en el proceso preguntando si existe algún bloqueo que te impida recibir más información acerca de tu deseo. Lo que viene a continuación es un ejemplo de cómo podría discurrir tu sesión en los Registros Akásicos.

Establece tu intención, decide qué oración vas a utilizar hoy y abre tus Registros, y luego trabaja con preguntas como las que te ofrezco a continuación:

- ❖ ¿Existe algo que me impida acceder fácilmente a mis Registros Akásicos?
- ❖ ¿Puedo hacer algo concreto que me lo haga más fácil?
- ❖ ¿Tengo alguna capacidad de la que no soy consciente y que me facilitaría acceder a los Registros Akásicos?
- ❖ ¿He desarrollado esta capacidad durante la actual vida?
- ❖ ¿La desarrollé en una vida anterior?
- ❖ ¿La desarrollé en mi infancia?
- ❖ ¿Hay algo más que deba saber acerca de este asunto?
- ❖ ¿Existe algo que me impida ver las cosas con claridad en este tema?

En la siguiente lista te ofrezco 30 preguntas más que te ayudarán a profundizar en tus Registros y te permitirán aclarar la información que estás recibiendo. Esas preguntas tratan de cómo encontrar información relevante para ti y cómo recibir respuestas más completas, tal como te explicaba en la analogía de la danza de los mayos. Debes seguir haciendo preguntas hasta que sientas que has captado de verdad tanto la información como los conceptos, hasta que sientas que puedes desprenderte al fin de tus viejas creencias y cambiar tu manera de ver las cosas. También puedes combinar o reconfigurar algunas de las preguntas para adaptarlas a tus necesidades personales, pero recuerda que cuanto más concretes tus preguntas, mayor será la información que recibas. Como ya he explicado en los capítulos anteriores, formular preguntas es un arte que te permitirá obtener una mayor cantidad de información. Y, al igual que ocurre con cualquier artista consumado, tienes que practicar con el fin de refinar y potenciar tus habilidades. Como lector novicio en los Registros Akásicos, lo que debes pretender es acrecentar tus habilidades en la apertura de los Registros, para luego recibir esa información que te ayudará a avanzar en la vida del modo menos doloroso.

Preguntas para profundizar en tu trabajo de los Registros Akásicos

1. ¿Hay alguna otra pregunta que debería formular, o bien debería hacer mis preguntas de otra manera?
2. ¿Existe algún bloqueo o alguna energía de la que deba liberarme que esté relacionada con este asunto?

3. ¿Necesito más información acerca de este tema?
4. ¿Hay algo que se me esté escapando en esta situación?
5. ¿Qué está limitando mi visión sobre este tema?
6. ¿Hay algo externo a mí que me esté influyendo y no me deje ver con claridad este asunto?
7. ¿Existe una manera diferente o más fácil de ver esta cuestión?
8. ¿Tengo una visión sobre este tema o situación que ya no se corresponde con la realidad?
9. ¿Tengo algún tipo de expectativa o idea preconcebida sobre lo que yo creo que debería ser la verdad en esta área o tema? Y, si es así, ¿en qué consiste?
10. ¿Tengo un bloqueo procedente de mi ego, mi mente o mis emociones que me impide comprender con claridad la información?
11. ¿Tengo que hacer algo para mejorar mis relaciones con los demás?
12. ¿Me está impidiendo el miedo profundizar en esta área o tema? Si es así, ¿cómo puedo liberarme de él?
13. ¿Qué información estoy preparado/a para conocer acerca de esta cuestión?
14. ¿Me estoy negando a aceptar algo? Si es así, ¿qué puedo hacer para superarlo?
15. ¿Cuál es mi principal problema en estos momentos, y de qué modo me impide ver con claridad las cosas en esta situación?
16. ¿Hay algo o alguien a quien entregué mi poder en el pasado que está teniendo un efecto negativo sobre mi modo de ver, relacionarme o liberarme de este problema?

17. ¿Quién dijo que yo no podía introducirme en esta área de la vida?

18. ¿Hay algo velado, desconocido o reprimido que pueda conocer ahora, o que me impida saber lo que necesito saber?

19. ¿Cómo puedo manejar este problema o esta necesidad de un modo más fácil?

20. ¿Por qué tengo miedo de aquello en lo que me podría convertir si me dejara llevar?

21. ¿Sustento algún sistema de creencias o ideales que ya no me sirve, que me impide llevar una vida feliz?

22. ¿Cuál es mi mayor desafío o miedo en estos momentos? ¿Dónde radica su origen?

   ❖   ¿De qué recursos dispongo para resolverlo?

   ❖   ¿Qué lecciones puedo aprender de todo esto?

23. ¿Con qué talentos nací que podrían serme útiles en mi crecimiento, en mis negocios o mis relaciones?

24. ¿Alguna de mis relaciones me está perjudicando?

25. ¿Qué recurso(s) puedo utilizar para mejorar como padre/madre o como pareja?

26. ¿Hay algún problema subyacente en mis relaciones con mi [madre, jefe, cónyuge, etc.]?

27. ¿Qué conviene que sepa acerca de esta situación? ¿Cómo podría alcanzar una resolución favorable?

28. ¿Qué mensaje querrían darme mis Seres de Luz en estos momentos?

29. ¿Existe algún patrón o comportamiento repetitivo que deba abordar?

30. ¿Existe alguna lección o algún objetivo que conviene que sepa o me haga consciente?

Utilicemos el ejemplo de una pareja que está pasando por una situación complicada, que discuten con frecuencia, pero no por nada en concreto. Están en un permanente estado de mal humor, pero no saben el motivo. Ambos tienen la sensación de no ser amados y se sienten inseguros, pero no se lo admiten a sí mismos, ni tampoco lo reconocen ante el otro. Imagina que te encuentras en esta situación y que decides trabajar en los Registros Akásicos con el fin de recuperar el amor y la felicidad, pero que no sabes por dónde empezar con las preguntas. En este caso, podrías preguntar a tus Seres de Luz, «¿Cuál es la mejor pregunta que puedo formular acerca de esta relación? ¿Sería útil realizar un trabajo basado en el perdón para abordar los problemas en mi relación? ¿Qué debería saber acerca de mi contrato anímico con esta persona? ¿Qué otras preguntas puedo hacer para conseguir una mayor claridad mental?». Siempre puedes comenzar con preguntas parecidas a éstas. Los Seres de Luz responderán a las preguntas que hayas formulado acerca de los contratos anímicos y, luego, para aclarar más la información, quizás te sugieran la pregunta número 4 de las lista de 30 preguntas, la que dice, «¿Hay algo que se me esté escapando en esta situación?». Los Seres de Luz quizás te digan que el problema se halla en la manera en que le hablas a tu pareja, y que la enjuicias constantemente en todo lo que hace. Si continúas la conversación con los Seres de Luz y formulas más preguntas, puede que descubras que la cuestión estriba en un viejo patrón de infancia relacionado con la autoestima, un problema del que no eras consciente, pero que te causa sentimientos de inseguridad y soledad. En estos momentos, vuestra relación es lo que te permite tomar conciencia de ese patrón para que puedas cambiar las cosas y liberarte de él. De hecho, quizás hicisteis un contrato anímico para hacer exactamente eso, y una vez tomes conciencia de esta situación en los Registros podrás llevar a cabo el trabajo interior necesario para recordar la verdad de quién eres: un alma divina, amorosa y merecedora de amor. Y, en la medida en que eleves tu vibración con este trabajo en los Registros Akásicos, estarás también ayudando a elevar la vibración de todas las personas que te rodean, y estarás provocando una transformación en la energía colectiva.

❧ Cómo liberarse de los miedos de la infancia ☙

Vamos a hacer ahora un ejercicio que te permitirá liberarte de algunos de los miedos infantiles que puedan estar aún afectándote. La primera pregunta que deberás hacerte es si *existe* algún temor de tu infancia que esté perturbando tu vida adulta y que te impida avanzar. La segunda gran pregunta es cuándo y dónde sentiste por vez primera ese miedo. Quizás recibas alguna información acerca de una experiencia de tu infancia que habías olvidado o de la que no fueras consciente. Haz en todo momento preguntas muy concretas, como «¿Qué edad tenía yo?». Luego, continúa profundizando con preguntas como, «¿Qué otras cosas relacionadas con este tema convendría que supiera? ¿Qué pueden compartir los Seres de Luz conmigo acerca de este temor y cómo me afecta hoy en día?». Simplemente, ábrete para recibir cualquier información que pueda llegar sobre el modo en que ese miedo interfiere en tu vida. El siguiente paso consistirá en preguntar cómo puedes liberarte de ese temor. ¿Existe alguna oración akásica que puedas utilizar para liberarte de él? Si es así, ¿qué oración?

Para profundizar en los Registros, deberás recordar que, cuando recibas una respuesta, conviene hacer otra pregunta relacionada con esa respuesta, o bien relacionada con otro aspecto del mismo asunto o tema. Así, las preguntas subsiguientes te ayudarán a profundizar en la información. Cada vez que trabajes sobre un tema puedes preguntar, «¿Qué más podéis decirme?», o bien, «¿Hay algo más que deba saber?; o también, «¿Hay algo más que me esté bloqueando?». Conviene que te remitas constantemente a las 30 preguntas que te ofrezco más arriba.

Te recomiendo que vuelvas sobre un mismo tema varias veces. Sin duda, seguirás creciendo y aprendiendo cada vez que trabajes en los Registros, pero recuerda que todos somos como una cebolla: tenemos muchas capas, y puede que tengas que ir sacando una capa tras otra. Lo mismo se puede decir del viaje espiritual, que siempre hay otra capa, u otro nivel de información, de comprensión y de sabiduría. Así pues, vuelve sobre los mismos temas o problemas, y de pronto te darás cuenta de que, con el tiempo y con paciencia, recibirás respuestas diferentes y cada vez más profundas, que se derivarán del trabajo previo sobre capas más superficiales del tema específico.

Quizás convenga también que te tomes un respiro para profundizar energéticamente en tus Registros antes de ponerte a hacer preguntas muy detalladas y con múltiples capas. Te sugiero que comiences con preguntas de menor calado, que te des tiempo para trabajar en los Registros y que vayas aumentando la complejidad de las preguntas progresivamente. Algunos de mis consultores en los Registros Akásicos comentan que la información comienza a fluir con más facilidad cuando llevan alrededor de 20 minutos en los Registros del cliente. Y lo que yo he podido constatar es que la energía se intensifica cuando llevo alrededor de 15 minutos sumergida en los Registros, lo cual me permite profundizar más en los Registros y trabajar con una energía curativa más potente. Cuanto más profundo sea el trabajo en los Registros, más positivos serán los resultados curativos. Puedes comenzar una sesión akásica preguntando cosas sencillas como, «¿Cuál es la mejor manera de organizarme la semana?», o «¿Hay algún alimento que pueda resultar especialmente beneficioso para mí hoy?». Puedes simplemente entretenerte y meditar en las vibraciones akásicas durante más o menos diez minutos, quizás pronunciando algunas de tus oraciones y presionando el punto de gracia, antes de comenzar a hacer preguntas profundas sobre temas importantes.

Si estás haciendo buenas preguntas pero no recibes respuesta, comienza por formular tus preguntas por escrito. Ésta puede ser una manera de poner en marcha el flujo de información porque, en ocasiones, con la misma espera, con la mera expectativa de escuchar algo, provocamos una restricción en nuestro campo de energía, en lugar de expandirnos y dejar que la información nos llegue fácil y libremente. Con el simple acto de escribir permites que el flujo de energía discurra libremente a través de ti, porque no estás juzgando la información. Más tarde, siempre puedes volver sobre lo que has escrito y valorar la información. Este método puede funcionar especialmente bien al principio, cuando aún estás elevando tu nivel de confianza en el proceso.

༂❧ ¿Qué aspectos de mi vida estoy evitando? ☙༂

El siguiente ejercicio que haremos te permitirá averiguar si existe alguna área de tu vida que no estés queriendo abordar. Hay personas, por ejemplo, a las que no les gusta detenerse a mirar su situación económica, otras son reacias a reflexionar sobre sus relaciones, y otras no quieren darle vueltas a temas relacionados con su trabajo. En estos casos convendrá recurrir a la lista de preguntas apuntadas previamente y formular algunas de menor calado relacionadas con el área que no deseas explorar. Evidentemente, si no estás dispuesto a contemplar un aspecto concreto de tu vida, es muy posible que ni siquiera seas consciente de qué aspecto se trata; de modo que, para comenzar, quizás te sirva plantearte preguntas como: «¿Existe algún aspecto de mi vida que estoy intentando evitar? ¿Quién o qué me impide entrar en esa área de mi vida?». Una vez hayas establecido el tema, podrás comenzar a hacer preguntas más concretas sobre él. Por ejemplo, si no estás demasiado dispuesto a analizar la cuestión de tu situación económica, podrías preguntar, «¿Necesito más información acerca de mi situación económica? ¿Hay algo que no quiero ver en este asunto que esté limitando mi visión al respecto? ¿Podéis darme más información acerca de por qué intento evitar mi situación económica, o bien qué me impide sumergirme en esta área?». La última pregunta es ciertamente clave: «¿Quién o qué me impide sumergirme en esta área? ¿Es alguien o algo? ¿Es una creencia del inconsciente colectivo o es realmente alguien en mi vida que me bloquea o me dice que no debería molestarme en explorar ese asunto?».

Me he dado cuenta de que mis alumnas y alumnos, a medida que profundizan en la exploración de sus problemas personales, comienzan a acceder a energías akásicas superiores. Una vez más, convendrá comenzar formulando preguntas de la vida cotidiana, como «¿Qué ejercicio será más beneficioso hoy para mi cuerpo y mi mente?» o «¿Cómo podría mejorar hoy mi buen humor?». En ese nivel, quizás descubramos que estamos accediendo a un grupo general de Seres de Luz debido a que las preguntas son muy básicas. Pero, a medida que profundizamos en preguntas de múltiples facetas relacionadas con el alma, tales como, «¿Qué ha venido a hacer mi alma a este mundo? ¿Existe algo que me impida una relación más profunda o un compromiso en mi vida?», suele suceder que las voces o las energías que responden a nuestras preguntas están revestidas de mayor autoridad y expresan las ideas con mucha mayor claridad, ofreciendo información e instrucciones concretas. Ésas son las voces que proceden de los Seres de Luz que se hallan en los niveles más profundos de los Registros Akásicos. Hasta puede que te percates de que, cuando haces preguntas relacionadas con distintos aspectos dentro de los Registros Akásicos, los Seres de Luz que nos responden son distintos, y que la información resuena en frecuencias diferentes. Ellos mismos nos dicen que existe cierta jerarquía dentro de los Registros Akásicos de cada persona. Hay Seres de Luz que trabajan con los aspectos más humanos y mundanales, otros que están ahí para dirigirte en el sendero de tu alma, otros que trabajan con las vidas pasadas, y otros que supervisan tus Registros en su totalidad; y esto si nos ceñimos solamente a los grupos más habituales. A estos seres los llamamos Instructores, Maestros y Señores de los Registros, aunque todos ellos son Seres de Luz y Fuente Divina. En cualquier caso, no olvides que siempre tendrás la oportunidad de preguntar con quién estás hablando en un momento dado. Ésta es una de las maneras de obtener la certeza de que te hallas en los Registros y que no es tu ego el que te está dando la información.

ࣕ El ejercicio del mejor y más elevado sendero ࣦ

No deja de sorprenderme que mis clientes y mis estudiantes muestren juicios de valor acerca de su actual sendero en la vida. Así, muchos de ellos creen que deberían estar haciendo «algo especial» para estar en sintonía con su sendero. Es como si creyeran que lo que hacen no tiene valor, o como que no hubieran encontrado su sendero, de manera que hay algo que no funciona. Los Seres de Luz me dieron el siguiente proceso para que tomes conciencia de que te hallas en tu mejor y más elevado sendero justo en estos momentos, puesto que, al parecer, ellos quieren que dejemos de enjuiciar lo que estamos haciendo. Cada viaje tiene un propósito superior, tanto si nos encontramos inmersas en el mundo de los negocios como si nos dedicamos al mundo de la sanación, tanto si estudias, trabajas o estás desempleado; lo que ocurre, simplemente, es que aún no eres consciente de ese propósito. Los Seres de Luz me han dicho en multitud de ocasiones que, si los seres humanos supiéramos hasta qué punto nos respetan y valoran nuestros esfuerzos, nos sentiríamos orgullosos y valoraríamos profundamente todos y cada uno de nuestros empeños. Ellos comprenden las dificultades que entraña la encarnación humana, y ése es el motivo por el cual se han puesto a nuestra disposición los Registros Akásicos en estos tiempos. Los Seres de Luz sólo desean ayudarnos en nuestra lucha y en nuestros esfuerzos, quieren que vivamos inmersos en la alegría y el amor por los demás y por nosotras mismas.

Lo que viene a continuación es un maravilloso proceso que te permitirá darte cuenta de que te encuentras exactamente allí donde se suponía que tenías que estar, haciendo exactamente lo que se suponía que tenías que hacer. Este ejercicio tiene varias partes, de modo que tómatelo con calma, no intentes hacerlo todo de una sentada. Por otra parte, también puedes pedir ayuda para dejar de enjuiciar tu sagrado sendero, pero no dejes de utilizar la Oración del Perdón en combinación con este ejercicio.

Comenzaremos con el **Sistema de Oraciones de la Sabiduría Akásica**, estableceremos claramente nuestras intenciones y luego abriremos nuestros Registros haciendo uso de nuestra oración preferida. Aquí tienes otra oportunidad para experimentar y constatar qué elementos son los que mejor te funcionan a la hora de comunicar con tus Seres de Luz, de modo que puedes: (a) formular una pregunta, tomar nota de la respuesta y pasar después a la siguiente cuestión, planteando las preguntas de forma sistemática, una detrás de otra; o bien, (b) leer todas las preguntas de este ejercicio y pedir a los Seres de Luz que te den la información más adecuada y que te aclaren cualquier campo que ellos consideren oportuno para tu bien. Conviene que te sientas agradecida por la singularidad de tu alma, y no dejes de disfrutar del aprendizaje y el crecimiento que conlleva este proceso.

Bien, para comenzar el ejercicio, formula a los Seres de Luz las siguientes preguntas:

1. ¿Hay algo que convendría que supiera acerca del modo en que valoro mi actual sendero en la vida?
2. ¿Forman parte estos juicios de algún patrón que deba ser aclarado o del que deba liberarme?
3. ¿Me podéis ayudar a liberarme de los juicios que albergo acerca de mi sagrado sendero?
4. Si me he desviado de mi senda en algún aspecto, ¿podríais llevarme de vuelta al centro de mi sendero?
5. Si no estoy discurriendo por el centro de mi sendero, ¿qué debería saber para retomar el curso?

Siempre existe un proceso de profundización que puedes añadir a tu pregunta personal, o bien puedes pedir ayuda de las siguientes maneras:

❖ Por favor, llevadme de vuelta al centro de mi sendero.
❖ ¿Existe alguna medida, por pequeña que sea, que pueda yo aplicar para seguir avanzando?

Por favor, tómate el espacio y el tiempo que necesites para integrar la información que recibas.

༄ Comprobaciones ༄

Si hasta el momento has estado utilizando sólo una de las oraciones de los Registros Akásicos que se ofrecen en este libro, tómate un respiro para comprobar si no te resultaría más beneficioso utilizar otra oración. Te sugiero que preguntes a diario qué oraciones te pueden ser más útiles a lo largo de la jornada. Puedes preguntar, «¿Cuál es la mejor oración que puedo utilizar para esta pregunta?», porque habrá días en que descubrirás que una oración diferente puede resultar más adecuada para un determinado asunto. Así pues, convendría que convirtieras en un hábito el comprobar con los Seres de Luz cuáles son las mejores oraciones que puedes utilizar en el día de hoy.

Por favor, asegúrate de que estás reflejando en tu diario toda la información que estás recibiendo. Si llevas un diario siempre podrás anotar, antes de irte a dormir, las preguntas que deberías hacer al día siguiente; de este modo, no olvidarás preguntar: «¿Cuál es la mejor oración que puedo utilizar para esta pregunta?» antes de recurrir a la oración habitual. Puedes preguntar fuera de los Registros, «¿Cuál es la mejor oración que puedo utilizar hoy para el trabajo que estoy haciendo?».

༄ Ejercicio para Recuperar la Sabiduría de las Vidas Pasadas ༄

En el siguiente ejercicio trabajaremos con la información de vidas pasadas para fundamentar tu sendero en la vida actual. Teniendo en cuenta que la mayoría de las personas hemos vivido al menos 500 vidas en la Tierra, ¿te imaginas cuántos logros has llegado a cosechar en todas esas vidas? Has sido empresaria, artista, erudito, sanadora, guerrero, profeta, acupuntora, monje y maestro, por no decir las veces que has sido abuela o un marido cariñoso. Tú puedes reclamar la sabiduría de esas vidas, así como otras muchas cosas que quizás te interese explorar.

No es por casualidad que, para la composición y redacción de este libro, haya utilizado precisamente este ejercicio. Lo primero que pensé cuando los Maestros Akásicos me dijeron que escribiera esta obra fue, «¡Ni siquiera sé cómo se escribe un libro!». Pero lo que me vino a la cabeza a continuación fue, «Esa información tiene que estar en los Registros Akásicos». De modo que hice el Ejercicio para Recuperar la Sabiduría de las Vidas Pasadas (que se ofrece al final de esta sección) una y otra vez con la intención de recuperar la información, la energía y la sabiduría de una vida en la que fui un «escritor de éxito». También recuperé la información de vidas en las cuales yo escribía con cierta soltura. Pero conviene reflexionar previamente en todos los aspectos de lo que pretendes recuperar de tus vidas anteriores. Si te fijas bien, no he puesto sólo «escritor», y eso porque solicité información de vidas en las cuales tuve éxito como escritor y *publiqué*. Quizás tuve vidas en las que fui un escritor que pasaba hambre, pero pensé que no sería adecuado recuperar esa información.

Pero pongámonos manos a la obra. Decide qué deseas recuperar que pueda resultarte útil en tu actual vida. Como siempre, convendrá que escribas tus preguntas antes que nada, de modo que piensa entre cuatro y seis preguntas que quieras formular para recuperar esa sabiduría de las vidas pasadas, y luego sigue el **Sistema de Oraciones de la Sabiduría Akásica**. Cuando hayas abierto los Registros, plantea las preguntas que has reflejado por escrito. También puedes añadir esta petición, «Por favor, mostradme una vida pasada en la que recorrí mi sendero con total claridad y confianza, sustentándome en el poder de la Luz». Pide a los Seres de Luz que te ilustren acerca de esas vidas, y luego pregunta, «¿Existe algún bloqueo que pueda impedirme recuperar información de una vida pasada?». Cada vez que eliminamos bloqueos, sea en esta vida o en cualquier otra, conviene reclamar la vibración más elevada de esa vida pasada en la que caminaste en la luz, porque ése fue un tiempo de gran poder para ti. Por otra parte, conviene que te liberes de todo aquello que te impida acceder y reclamar esa información de vidas pasadas.

Una coletilla a esta pregunta consiste en averiguar si hay algo de lo que debas liberarte que pueda estar enmascarado, encubierto u oculto. Al formular la pregunta de ese modo, te estás abriendo a la oportunidad de que llegue más información. En ocasiones, cuando formulamos una pregunta general como, «¿Existe algún bloqueo que me impida recuperar esto?», no recibimos respuesta alguna, o bien recibimos muy poca información. Pero, cuando se formula la pregunta, «¿Hay algo enmascarado, encubierto u oculto?», se nos hacen visibles todas aquellas cosas que puedan estar veladas. Date cuenta de que tus preguntas contienen una vibración energética y que el enlace se debilita cuando formulas preguntas poco concretas. Sin embargo, una pregunta o una serie de preguntas específicas y bien formuladas contienen una vibración muy sólida, la que se deriva de tu intenso deseo y tu firme intención de averiguar todo lo relacionado con ese tema. Es entonces cuando se te permite mirar al otro lado del velo. Así pues, utiliza esta pregunta para profundizar, «¿Hay algo enmascarado, encubierto u oculto que pueda liberar ahora para que esta información me llegue mejor a la mente, al cuerpo y al alma?». Pide a los Seres de Luz, «Por favor, os ruego que me ayudéis a liberarme de ello, sea lo que sea, y compartid conmigo esa información tan útil para mi crecimiento anímico». Al término del proceso, siempre puedes incluir una meditación o visualización para reclamar más energía y sabiduría de alta vibración procedente de vidas pasadas.

Las preguntas relativas a vidas anteriores, bien articuladas y especificadas suelen resultar iluminadoras y fascinantes porque, en ocasiones, tenemos la idea preconcebida de que aquella vida pasada en la que estuvimos plenamente presentes en nuestro sendero tuvo que ser una vida mágica o mística. Sin embargo, he constatado en muchas ocasiones que esas vidas fueron vidas sencillas y humildes, o incluso existencias en las que vivimos en lo que hoy llamaríamos pobreza. En multitud de ocasiones he visto vidas en las que el alma ha sido sometida a duras pruebas, y sin embargo el alma vivió una profunda vida de servicio en el amor y la luz. De modo que no te sorprendas por lo que se te pueda mostrar en una vida o en varias vidas pasadas en las que tu sendero se consagró al amor y la luz.

Algunos de los trabajos y sanaciones más fascinantes tienen lugar cuando nos profundizamos en vidas pasadas en las que tuvimos senderos o propósitos diferentes. Me resulta fascinante cuando les pido a los Seres de Luz que compartan conmigo vidas en las cuales estuve Iluminada o Despierta, pues la información que suelo recibir ante esta pregunta suele sorprenderme. Una espera escuchar que fue un rey poderoso y justo, una sacerdotisa de la diosa o un gran gurú o profeta, cuando en realidad las cosas van por otros derroteros. Así pues, explora por ti misma estos temas y descubre quién eres en realidad.

He aquí un ejemplo de este ejercicio que compartió una de mis alumnas en un Grupo de Estudios Akásicos:

JEN: La primera imagen que me mostraron fue la de un solitario ermitaño recorriendo un camino, y aquello me provocó cierta resistencia, pues de pronto me descubrí pensando: «No, no quiero ver eso». Luego me mostraron a una mujer. Estaba en una sala con un montón de instrumentos y objetos voluminosos: un telescopio, un globo terráqueo... Tuve la sensación de haber pasado mucho tiempo en aquella sala, leyendo, escribiendo, creando, inmersa en sentimientos maravillosos. Al parecer, en aquella vida no hacía otra cosa que seguir mis instintos llevando a cabo aquellos experimentos científicos, de los cuales disfrutaba enormemente. También compartí mi sabiduría y mi abundancia. Disponía de una escalinata hacia las estrellas. Era como si me comunicara con diferentes seres en distintos niveles de la conciencia. Y yo reía, y estaba presente en todos los niveles. Me transmitió una sensación muy positiva. Curiosamente, cuando pregunté si había algo que estuviera bloqueándome, me llegó la sensación de estar en un portal. Había mucho humo, ¡pero entonces apareció una mujer en medio del humo con un sándwich de queso!

LISA: [risas]

JEN: Divertido, ¿verdad? Fue divertido. Y pensé algo así como «¡¿Qué demonios?!».

LISA: Los Seres de Luz tienen un gran sentido del humor.

JEN: ¡Sí! Pero, ¿sabes?, creo que me preocupo demasiado por cosas por las que no debería preocuparme, como de dónde voy a sacar dinero para comer. Lo que me dijeron es que mi bloqueo es como la pieza de un rompecabezas, que debo recurrir a mi sentido de la aventura y confiar en mi trabajo, dado que ésa es mi parte en el rompecabezas.

LISA: Aún puedes hacer más preguntas, como «¿Dónde tuvo lugar esta vida? ¿Es algún lugar de la Tierra? ¿Se trata de una vida real? ¿Podéis decirme el año, o la fecha?». Qué duda cabe que no tienes por qué hacer todas estas preguntas, pero puede ser divertido preguntar, por ver si puedes obtener más información.

Siempre tenemos la opción de formular más preguntas si algo no nos ha quedado claro, y en algunas ocasiones puede resultar interesante preguntar, «¿Se trata de una vida concreta que yo haya vivido? ¿O es un conglomerado de vidas, una imagen simbólica de algo en particular? ¿Estáis mostrándome un estado del ser más que una época y un lugar?». Con estas preguntas puedes profundizar de forma sistemática. Normalmente, podemos recibir información de muchas vidas pasadas, y no hace falta ponerse a investigar después, fuera de los Registros, racionalmente, dónde y cuándo pudieron tener lugar esas vidas. Lo único que tienes que hacer es preguntar a los Seres de Luz, «¿Cuándo? ¿Dónde?», y normalmente te darán datos precisos, como «Es en el siglo XV», o «En torno al 3000 a. C. en España».

En el taller del segundo curso profundizamos en el tema del linaje del alma, que está relacionado con nuestro propósito anímico en esta vida. Cuando exploramos a fondo quiénes hemos sido en otras vidas comprendemos por qué vinimos a la vida actual. He aquí otro ejemplo, el de una de mis alumnas que buscaba información sobre una vida en la que estuvo en sintonía con el propósito y el sendero de su alma:

SALLY: Me llegó lo que parecía una vida muy sencilla y tranquila en la que trabajé mucho con la Madre Tierra y con el agua. Me vi a mí misma bajo la luz de la luna, en las orillas de un lago, haciendo una ceremonia sagrada con el agua y con la tierra. Fue una sensación maravillosa, ciertamente sagrada. Cuando pregunté si había algo que me estuviera bloqueando, algo enmascarado, encubierto u oculto, me dijeron que me había bloqueado yo a mí misma, que mi propia personalidad me impide percibir mi propia valía. Pero, más importante aún, me dijeron que yo había hecho un voto en aquella vida con aquel lugar sagrado, un lugar que ya no existe, y que eso ha provocado que una parte de mí haya quedado atascada en aquella época, en aquel lugar y aquella dimensión. Todo esto me resulta muy llamativo, y ahora sé que tengo que buscar más información y tengo que liberarme de algunas cosas.

LISA: Gracias, Sally. Hay tiempo de sobra para trabajar so-
        bre esas vidas, pero me resulta fascinante que hicieras
        un voto, el juramento de proteger aquel lugar, y que
        ese lugar ya no exista. Así pues, ¿cómo puedes recu-
        perar esa energía o sabiduría? Lo que hacemos es pre-
        guntar a los Seres de Luz, «¿Cómo puedo recuperar
        esto? ¿Hay alguna oración curativa que pueda utilizar
        en este caso? ¿Dispongo de alguna herramienta entre
        mis recursos que me permita recuperar esa energía?
        ¿Podéis ayudarme a recuperar esa energía?».

Bien, ha llegado el momento de hacer la visualización que
te va a permitir recuperar energías de vidas pasadas. A lo
largo de esta meditación se te llevará de vuelta a esa vida
pasada que te interesa; y, cuando emprendas el camino de
regreso, durante la meditación, traerás literalmente contigo la energía y la sabiduría de aquella vida pasada hasta
este continuo espacio-temporal. Es muy posible que percibas este proceso en tu propio cuerpo. Como suele suceder
con muchas de mis alumnas y clientes, el simple hecho de
presenciar lo acaecido en esa vida, y de reconocer la experiencia como propia, consigue desbloquear la energía que
estaba allí atascada. Cuando esta energía se combina con
las elevadas vibraciones del Campo Akásico es cuando puedes recuperar esa energía y la información que la sustenta.
    Para esta meditación, acomódate en un sillón y relá-
jate, y relaja también los ojos mientras lees. La intención
que deberás establecer para esta meditación es la de recuperar la información, la sabiduría, el poder y las capacida-
des curativas de otras vidas. Pide a los Seres de Luz, «Por

favor, ayudadme a recuperar todo lo que pueda ser útil y de valor para mí en esta área de mi vida». Es una intención ciertamente sencilla, pues estás pidiendo ayuda para recuperar todo aquello de valor que puedes integrar ahora en tu vida.

Ejercicio para Recuperar la Sabiduría de las Vidas Pasadas

Respira profundamente varias veces, con la totalidad de tu ser físico, desde la coronilla hasta las puntas de los dedos de los pies. Mientras respiras así, imagínate que discurres por un camino en medio del campo en un hermoso día primaveral, e imagina que delante de ti se extiende un bosque. A medida que te aproximas al bosque te haces consciente de que estás volviendo atrás, lentamente, en el tiempo. Con cada paso que das estás retrocediendo en el tiempo, y cuando llegas al bosque te adentras por un sendero estrecho. Es un bello camino, tapizado de hojas y musgo; y, aunque las copas de los árboles no dejan entrar demasiada luz, te sientes realmente bien. La temperatura es muy agradable, y es una delicia sumergirse en el bosque.

El sendero comienza a descender y, a medida que avanzas, retrocedes en el tiempo. Miras a tu izquierda y ves unas luces en la profundidad del bosque. Te vuelves a la derecha y ves más luces esparcidas por entre los árboles. Entre la oscura vegetación atisbas luces que centellean aquí y allí. Algunas parecen luces de faroles, mientras que otras parecen surgir del resplandor de una hoguera.

Sigues bajando por el camino y, poco a poco, te haces consciente de estar atravesando decenas de vidas pasadas, mientras sigues encontrándote luces a tu derecha y a tu izquierda. Tú has visto esas vidas, tú has visto esas luces. No hay nada que te intranquilice. Y, de pronto, mientras desciendes por el sendero, percibes las luces de una aldea centelleando en la distancia. Quizás te llegué el sonido de un canto o de unas risas en medio del bosque. Se trata de todas las vidas pasadas que has vivido. Quizás incluso escuches las voces de aquellas familias que tuviste; quizás incluso puedas verles, sentirles, saber que están ahí.

Te has adentrado mucho en el bosque, en el pasado, y sientes la llamada de una de esas vidas, de modo que te diriges hacia algunas de aquellas luces que te resultan más atractivas, o bien tus pasos te llevan en la dirección de donde te llegan unos cantos, unas risas, o hacia una construcción o una aldea que atisbas en la lejanía. Sí, algo ha llamado tu atención, de manera que te adentras en el bosque, sin la más mínima sensación de intranquilidad, sabiendo que en todo momento te están guiando y que te protegen en todos tus viajes.

De pronto llegas a un claro en el bosque, y toda una vida se despliega ante ti. Siente esa vida: es una vida maravillosa que viene a responder a tu intención. Quizás tuviste muchos amigos y familia, o quizás fue una vida solitaria. Sea lo que sea que encuentres, absorbe las experiencias que esta vida te ofrece. Pide a los Seres de Luz y a los Instructores Akásicos que te traigan la sabiduría y los dones de esa vida. Los dones te pueden llegar de las personas con las que tuviste relación, mientras te cantan, te ofrecen un maravilloso festín o te sostienen entre sus brazos. Fúndete con la Madre Naturaleza, báñate en un río o trepa a una montaña para recibir tu don. Esos dones, lleguen en la forma que lleguen, son idóneos para ti, de modo que recíbelos con gratitud.

Ahora, respira profundamente y presiona el punto de liberación de energía, y pide que se te conceda la gracia de esta sabiduría, esta luz, este conocimiento, este amor; absorbiéndolo profundamente en tu ser físico. Sentirás profundamente toda esa luz, todo ese amor y sabiduría. Da las gracias a quienes te han dado esos dones y ese amor. Y, al despedirte, quizás incluso sientas la necesidad de abrazar y besar a aquellos y aquellas a los que recuerdas.

Mientras regresas al sendero por el que viniste, respira profundamente y sigue presionando el punto de gracia, mientras sigues absorbiendo y arraigando esa sabiduría en tu cuerpo, en el momento presente.

Retoma el sendero que te lleva de vuelta a casa y asciende por él a través del bosque, remontándote en el tiempo, regresando al presente, en tu casa. Mientras subes por el camino, sigues viendo las luces y los árboles, escuchas cantos y risas en la distancia, y sabes que hay muchas, muchas vidas hermosas que has vivido y en las que siempre se te dará la bienvenida cuando quieras saber cómo fueron, cuando quieras recuperar de ellas su sabiduría, su amor, sus conocimientos.

De pronto, vuelves a ver la luz del sol a través de los árboles. El bosque termina y vuelves a ver el camino por el que llegaste a él. Sales del bosque y te sumerges en la luz de los campos, respiras profundamente y sabes que has vuelto al instante presente, al aquí y ahora.

Y, mientras regresas al presente, siente tus pies en contacto con el suelo, aquí, en tu habitación, y siente tu cuerpo físico reposando en el sillón. Mueve los dedos de los pies con suavidad, respira profundamente y abre los ojos. Y da las gracias por los maravillosos dones que se te han dado. Estás de vuelta en casa.

Si quieres escuchar la versión audio de esta meditación –en inglés, claro– visita www.theinfinitewisdom.com/past-life-wisdom. Puedes escuchar esta grabación tantas veces como desees para regresar a otras vidas y recuperar sus energías.

Me encanta conocer las experiencias que mis alumnos y alumnas tienen con esta meditación. Algunos de ellos comentan que los Seres de Luz les hablan de la simplicidad, de las más elevadas verdades, de las relaciones familiares y de la amplitud de la vida de la cual todos formamos parte. Los Seres de Luz intentan que estemos presentes en nuestro interior, en nuestro corazón, tanto en los momentos de soledad como cuando estamos con familiares y amigos. El propósito supremo en esta vida es alcanzar el amor y la compasión en la relación con los demás, pero también con nosotros mismos.

Muchos alumnos comentan también que, cuando salen de la meditación, sienten el *ahora* como la nueva Tierra. Tienen la sensación de estar aquí para generar desde la simplicidad y la gracia, para recrear algunas de esas hermosas comunidades que vemos cuando regresamos a esas increíbles vidas. Y, con frecuencia, cuando imparto una clase, los Seres de Luz nos dicen que nosotros y nosotras, en tanto en cuanto almas, estamos aquí para recuperar la sabiduría que nos pertenece, mientras intentamos crear la vida que nuestro corazón y nuestra alma desean, mientras intentamos crear un mundo en el que impere el amor. En verdad somos almas antiguas, sabias e infinitas que han venido aquí, en este momento de la historia, para crear el cielo en la Tierra, para construir un nuevo mundo que resuene en las elevadas frecuencias del amor incondicional y la paz. Todos y todas somos necesarios para, elevando nuestra vibración, elevar así la vibración de la humanidad. Quizás te hayas percatado ya de que cada vez hay más amor y más risas, cada vez hay más espacio para simplemente *ser,* desde la simplicidad y la gracia, a medida que salimos de la tercera dimensión, envueltos en tanta cháchara, sobreestimulados con teléfonos móviles, ordenadores, mensajes de texto y tiendas en Internet que nunca cierran. Se nos está dirigiendo para que sintonicemos con nuestro conocimiento interior a través de nuestros Registros Akásicos personales.

¿Estamos predestinados?

Los Seres de Luz del Akasha nos dicen que nada en esta vida –ni en ninguna vida, aquí en la Tierra o en cualquier otra dimensión– está predeterminado. A nuestra alma le encanta especialmente venir a la Tierra precisamente porque disfrutamos de libre albedrío, porque nos encanta crecer por medio de experiencias. Aunque vivamos con la impresión de estar sumidos en conflictos o luchas en nuestra existencia, todos estos sinsabores los hemos «escrito» nosotros mismos en el plan de trabajo de nuestra alma con el fin de crecer y aprender en determinados aspectos. Los Seres de Luz nos recuerdan que, en cualquier momento, podemos despertar y conocer la verdad de quiénes somos en cuanto almas divinas, en perfecta unión con la Fuente. Tan sólo tomando conciencia de «Yo soy un ser divino», elevas tu vibración, con lo cual te elevas por encima de las energías negativas de la confrontación o el miedo. Y, por otra parte, tan sólo abriendo tus Registros Akásicos, te introduces conscientemente en la vibración de la Fuente, la más elevada vibración posible. Éste es el motivo por el cual trabajar en tus Registros se convierte en un proceso profundamente transformador, pues elevas tu vibración y recuerdas la verdad divina de quién eres en realidad, al tiempo que la información que recibes te permite que el ego/personalidad/mente comprenda el problema desde una perspectiva muy superior.

Hasta el momento, te he ofrecido una serie de preguntas que te van a resultar muy útiles cuando te enfrentes a algún conflicto o cualquier otra dificultad de la vida. Si existe algo en tu vida que te impide ser feliz, sé consciente en primer lugar de que no eres la única persona a la que le sucede algo así, pues eso es algo por lo que todos hemos tenido que pasar en algún momento. Pensamos, «¿Qué demonios? ¿Por qué me pasa esto a mí? ¡Estoy haciendo las cosas bien! ¡Estoy intentando seguir mi sendero, ser una buena persona! ¡Y, aun con todo, hay demasiadas cosas que no funcionan!». El proceso que se te ofrece a continuación es especialmente útil cuando estás batallando con la vida, cuando tienes algún conflicto o ante situaciones o problemas recurrentes que te acosan una y otra vez. Al igual que con otras cuestiones y procesos que te he ofrecido en este libro, este proceso puedes utilizarlo en diferentes situaciones, pues te ayudará a escarbar un poco más en lo que pueda estar sucediendo en el fondo de la situación. Se compone de preguntas amplias, aunque lo suficientemente específicas como para que recibas la información pertinente:

❖ ¿Existe algún plan predeterminado en esta situación? Dicho de otro modo, ¿se trata de algún karma que tengo que resolver? ¿Es una lección que tengo que aprender? ¿Una herida que sanar?

❖ ¿Hay algo que se me esté escapando en todo esto, o es que no recuerdo lo que se precisa en esta situación?

❖ ¿De qué no soy consciente?

Antes que nada, practica con estas preguntas. Piensa en un problema reciente que hayas tenido en tu vida (rezo para que nadie tenga problemas pero, como sería de esperar, todos tenemos algo por resolver). Quizás tu viejo automóvil se rindió definitivamente y has tenido que comprarte otro nuevo, o puede ser que alguna de tus relaciones importantes no esté funcionando de la forma ideal. Puede que alguno de tus hijos tenga problemas de comportamiento, o quizás estás pensando en cambiar de trabajo porque tu jefa no te trata bien o no te ha dado el ascenso que esperabas. Sea lo que sea que pueda estar sucediendo en tu vida en estos momentos, pregunta en tus Registros Akásicos, «¿Hice algún voto o promesa en una vida pasada que esté afectando a esta situación? ¿Cómo puedo investigar y abordar esto? ¿Hay algo que tenga que trabajar en mí misma relativo al problema que tengo con esta persona, o en el trabajo? ¿Se trata de algún karma que yo haya venido aquí a resolver a través de esta situación? ¿Existe karma por resolver, una lección que aprender, una herida que sanar, algo que tenga que aprender y de lo que no soy consciente?».

Puede darse el caso de que tengas un problema con tu jefe, que pienses que es una persona desagradable cuando, en realidad, quizás tengas que aprender algo sobre ti a través de él, o puede que tengas que culminar algún karma o cerrar un voto. No siempre, aunque sí con frecuencia, las personas entran en nuestra vida por algún motivo, y te corresponde a ti averiguar ese motivo. ¿Cuáles son los detalles de esta situación que pareciera estar predestinada? ¿Es un contrato anímico? ¿Qué establece ese contrato? ¿Es un contrato que hay que cerrar definitivamente, es para crecer, o cumple una función de apoyo? Más tarde, la segunda parte del proceso consiste en responder a las siguientes preguntas: «¿Puedo estar empeorando las cosas con una actitud egoísta o por mi propia personalidad? ¿Cuál es mi parte de responsabilidad en este conflicto o en este sufrimiento?». Éste es un ejercicio avanzado, de modo que tómate todo el tiempo que sea necesario para reflexionar sobre tus respuestas, y no dejes de utilizar el diario para especificar las preguntas y detallar las respuestas que recibes.

Este tipo de preguntas puede provocar un cambio en tu visión del mundo, pues, cuando nos formulamos preguntas como: «¿Qué papel estoy jugando yo en este conflicto? ¿Qué parte del problema es responsabilidad mía?», es cuando empezamos a enfrentarnos a todo aquello que podemos haber generado nosotros en esa situación, sea en esta vida o en otra vida anterior. Con el tiempo verás que, cuando te encuentras en una situación difícil, o cuando estás enfrentándote a algún problema, con el simple acto de abrir tus Registros Akásicos y formular algunas de estas preguntas estarás abriendo tu corazón a profundos cambios, y con ello estarás en disposición de transformar tu visión de la vida y tu vida en sí misma. Prueba con estas preguntas: «¿De qué modo puedo sanar a partir de esta situación? ¿Cuál es la forma más adecuada de desprenderme de esto? ¿Hay algo que esté enmascarado o encubierto y me impida liberarme del problema?».

Uno de los grandes regalos que recibimos al trabajar en los Registros Akásicos es que desarrollamos la habilidad para contemplar las situaciones con una visión panorámica, lo cual nos lleva a darnos cuenta de que las cosas no son siempre como nos puedan parecer en un principio, pues los Registros nos ofrecen la opción de profundizar en los problemas. Buscando en los Registros los motivos ocultos de las cosas que nos acaecen encontramos respuestas que no sólo nos van a ser de utilidad en ese momento, sino también a largo plazo. De hecho, no hay instante más especial que aquel en el que te encuentras frente a frente con tu propia verdad y con la fuente de amor y reverencia por tu sendero en esta vida. Los Seres de Luz de los Registros Akásicos están dispuestos a ayudar en todo momento para proporcionarte una experiencia profunda y plena de sentido, ¡y lo único que tienes que hacer es preguntar!

❧ Los siguientes pasos en tu sendero akásico ❧

Espero que hayas disfrutado con todo lo que has aprendido en este libro, y deseo profundamente que tus primeros pasos en el Campo Akásico te hayan resultado no sólo útiles, sino también iluminadores. Tus Seres de Luz no desean otra cosa que sientas el amor que sienten por ti y que vivas una vida plena.

Yo te animaría a que prosigas con el trabajo que has comenzado aquí abriendo regularmente tus Registros Akásicos; si es posible, a diario. Como ya hemos comentado, el aprendizaje en los Registros Akásicos es muy parecido a aprender a leer, ya que lo más excitante no es el hecho de leer en sí, sino todo lo que la lectura te va a permitir hacer: acceder a una cantidad ingente de información. Y con los Registros Akásicos sucede lo mismo; si profundizas en ellos y practicas, se te dará acceso a muchísima información, a muchos conocimientos y sabiduría.

Este libro no es más que una introducción a los Registros Akásicos, pues hubiera sido ciertamente difícil, y por otra parte no te habría servido de mucho, intentar enseñarte a través de un libro todo lo que he aprendido acerca de ellos. Te habrías sentido abrumada, y es muy posible que no hubieras podido integrar una buena parte de la información que te hubiera ofrecido aquí. Al igual que en cualquier otro proceso de crecimiento personal y sanación espiritual, hace falta tiempo para comprender bien, en profundidad, las distintas capas sobre las que trabajamos en el proceso de autoconocimiento. Cada nivel dispone de un sistema de defensa interior a punto, dispuesto a proteger ese nivel, motivo por el cual seguimos cargando con algunas energías vida tras vida. Te recomiendo encarecidamente que te tomes tu tiempo para explorar y para liberarte de todo aquello que ya no esté al servicio de tu yo más elevado. Y no te quepa duda de que los Seres de Luz te guiarán con todo su amor, y que no te darán más material ni información de los que puedas manejar en cada momento.

Índice analítico

Enlaces para descargas informáticas gratuitas[5]

❧

❧ Meditación, preguntas y respuestas, ❧ y fotografías del aura

Meditación

Puedes descargar gratuitamente la visualización guiada que te ayudará a reconectar con la sabiduría de tus vidas pasadas, y puedes escucharla cuantas veces quieras, pues cada vez que la escuches recuperarás las distintas energías y la sabiduría de tus vidas pasadas.

Para acceder a la versión grabada de esta meditación, visita: http://akashicknowing.com/infinite-wisdom-book-extras/

---

5. Todos los enlaces están en inglés.

Preguntas y respuestas

Si deseas una sesión de preguntas y respuestas con las preguntas más frecuentes acerca de los Registros Akásicos, visita: http://akashicknowing.com/infinite-wisdom-book-extras/

Fotografías del aura

En cierta ocasión, para verificar los cambios en nuestros campos energéticos, mis alumnas, alumnos y yo nos dejamos fotografiar el aura mientras abríamos los Registros Akásicos. Las fotos del aura son una magnífica confirmación de los cambios energéticos que se producen cuando pasamos desde el estado «normal» al Campo Akásico haciendo uso de las claves vibratorias sagradas. Si deseas ver las fotos de varios de nuestros instructores, puedes visitar: http://akashicknowing.com/infinite-wisdom-book-extras/

Índice